地図の見かた

「レールウェイマップル」は鉄道に関する多様な項目や、景観、食、温泉などの旅には欠かせない情報を、地図上に集約させた本格ガイドマップです。
鉄道旅行のプランニングやナビに活用できるさまざまな工夫を施しています。

詳細図
縮尺1:40,000～

図番と縮尺
地図ページは見開きごとに番号を設け、右側にその地図の縮尺を表示しています。

隣接ページ
周囲（タテ・ヨコ・ナナメ）の地図の図番を表示しています。

索引符号
アルファベット（ヨコ）と数字（タテ）で分割。長野駅の索引表示は8 D-1になります。

おもな掲載路線

1マスの1辺の長さが10km（広域図のみ）

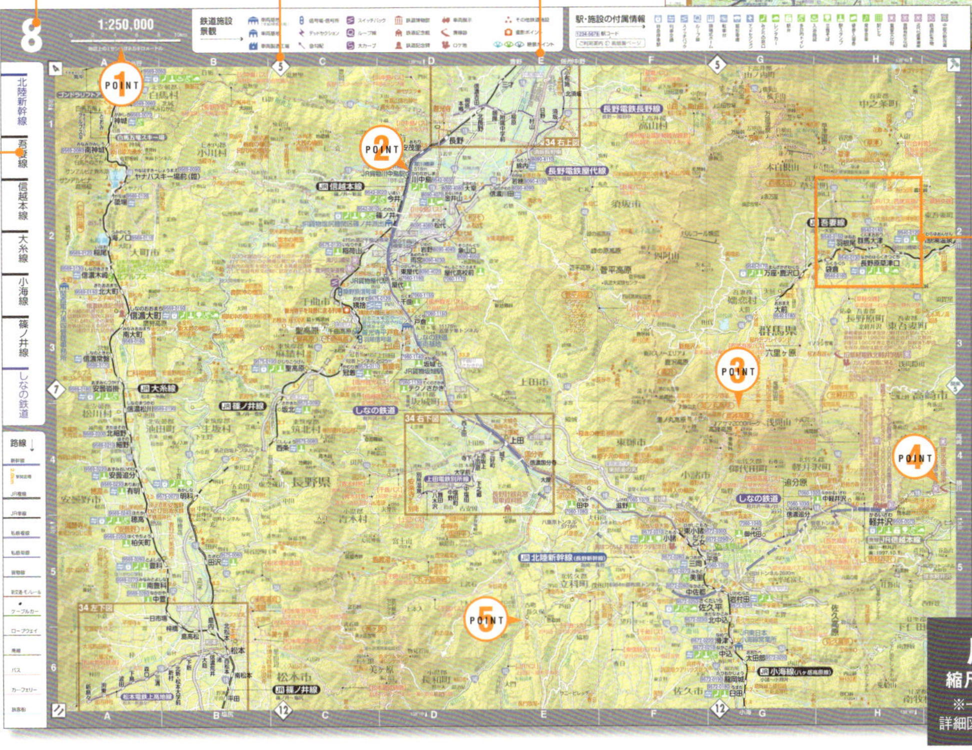

広域図
縮尺1:250,000～
※一部の広域図内に詳細図を収録しています。

POINT ❶

大きな縮尺

列車に乗りながら位置確認が楽しめる大きな縮尺（1/25万）をメッシュ方式でエリア全域を網羅。都市部などの過密地域はさらに大きな詳細図を収録しています。

POINT ❷

充実の路線・施設情報

新幹線、JR線、私鉄線など路線の種類、単線・複線の区別、トンネルや地下などの構造の違いなどをわかりやすく図示。また、駅などの鉄道施設には設備、サービス、選定物などの付属情報を表示しています。

路線の表示

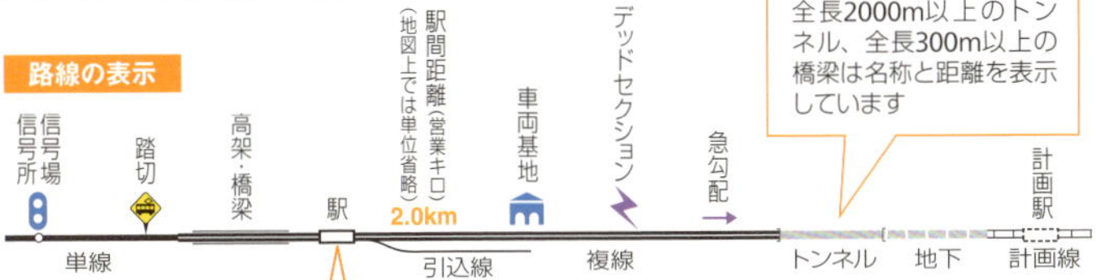

駅の表示

なごや 9413-0160 ←駅コード（左ページ参照）
名古屋 JRセントラルタワーズ ➡ 名古屋駅は、特急停車、みどりの窓口、駅弁、立食そば、多目的トイレ、レンタカー、駅ビルなどがあることを示します。
↑駅の付属情報

POINT ❸

景観と地形表現

車窓からの絶景を方角つきで表示、ならびに列車の撮影ポイントも掲載。また、地形の様子がわかるよう、標高別に色分け表示しています。

絶景ポイント ↑方向
撮影ポイント

POINT ❹

廃線と鉄道遺産

廃止になった路線※を地図上に再現するとともに、日本の近代化に寄与した数多くの遺構を掲載しています。

※対象となる路線は次のページに掲載

現存する廃線跡
廃線
廃線駅

POINT ❺

その他の交通情報

バスや航路などの交通情報も掲載。鉄道路線がない観光地などへのアクセスにご利用ください。

バス
フェリー
旅客船

各路線・記号の解説は次のページ

地図記号一覧

鉄道情報を「路線」「施設」「付属情報」の3つに分類し、さらにそれぞれの項目を色や形で区別・記号化しています。
項目のいくつかは、対象となる年月日や範囲を設けているものがありますのでご注意ください。

…地図記号に該当する施設などの特集記事が掲載されているページ

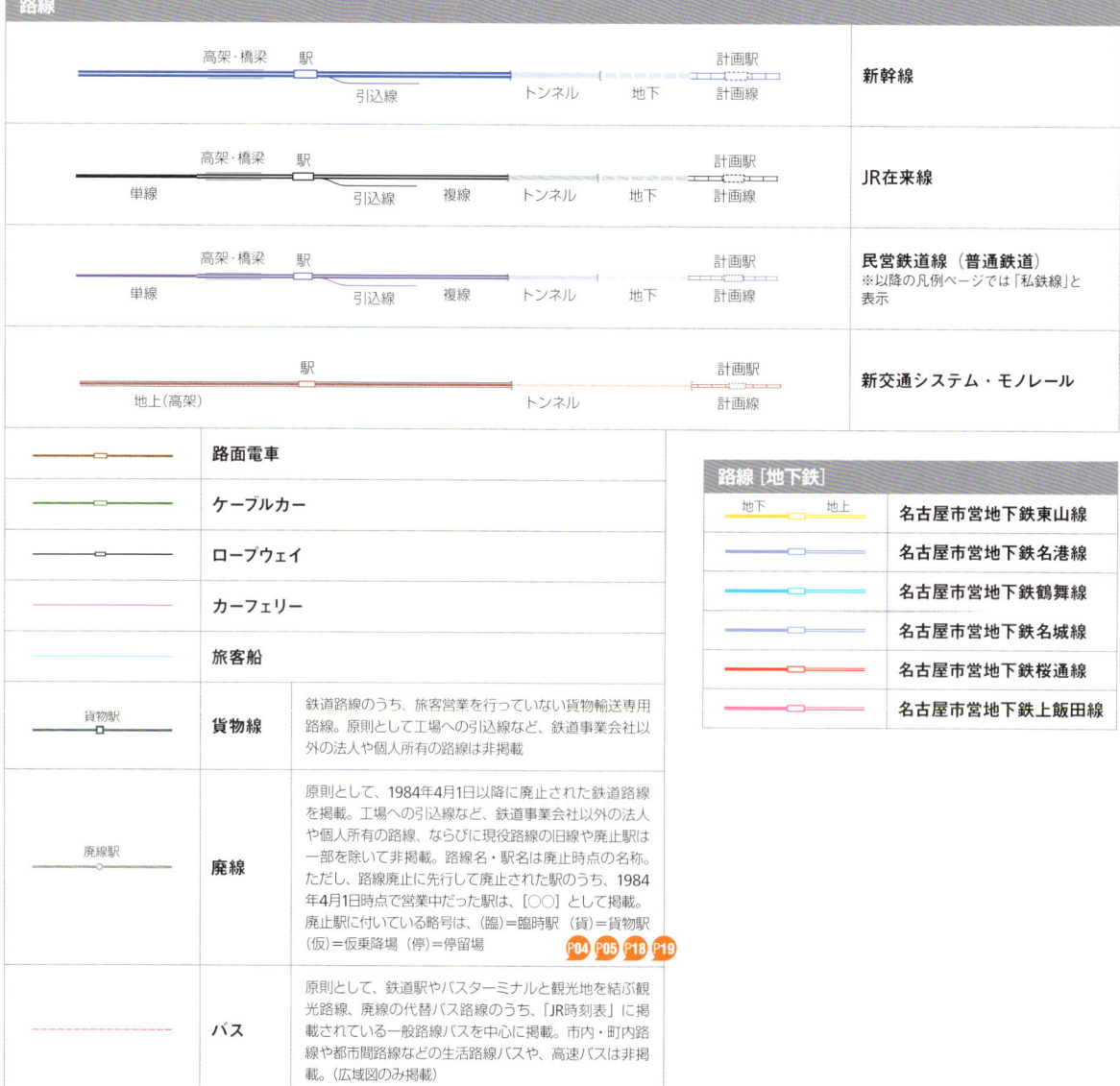

路線

高架・橋梁　駅　引込線　トンネル　地下　計画駅　計画線	**新幹線**
高架・橋梁　駅　単線　引込線　複線　トンネル　地下　計画駅　計画線	**JR在来線**
高架・橋梁　駅　単線　引込線　複線　トンネル　地下　計画駅　計画線	**民営鉄道線（普通鉄道）** ※以降の凡例ページでは「私鉄線」と表示
駅　地上(高架)　トンネル　計画駅　計画線	**新交通システム・モノレール**

	路面電車	
	ケーブルカー	
	ロープウェイ	
	カーフェリー	
	旅客船	
貨物駅	**貨物線**	鉄道路線のうち、旅客営業を行っていない貨物輸送専用路線。原則として工場への引込線など、鉄道事業会社以外の法人や個人所有の路線は非掲載
廃線駅	**廃線**	原則として、1984年4月1日以降に廃止された鉄道路線を掲載。工場への引込線など、鉄道事業会社以外の法人や個人所有の路線、ならびに現役路線の旧線や廃止駅は一部を除いて非掲載。路線名・駅名は廃止時点の名称。ただし、路線廃止に先行して廃止された駅のうち、1984年4月1日時点で営業中だった駅は、［○○］として掲載。廃止駅に付いている略号は、(臨)＝臨時駅 (貨)＝貨物駅 (仮)＝仮乗降場 (停)＝停留場 P04 P05 P18 P19
	バス	原則として、鉄道駅やバスターミナルと観光地を結ぶ観光路線、廃線の代替バス路線のうち、「JR時刻表」に掲載されている一般路線バスを中心に掲載。市内・町内路線や都市間路線などの生活路線バスや、高速バスは非掲載。(広域図のみ掲載)

路線［地下鉄］

地下　地上	**名古屋市営地下鉄東山線**
	名古屋市営地下鉄名港線
	名古屋市営地下鉄鶴舞線
	名古屋市営地下鉄名城線
	名古屋市営地下鉄桜通線
	名古屋市営地下鉄上飯田線

地形表現

海岸や河川に沿って縫うように走り、標高差をループや曲線によって克服してきた日本の鉄道の路線。その起伏に富んだ地形を、標高別で色彩表現しています。また、日本全域をカバーする広域図と、平野部に密集する詳細図では、標高値による色彩の設定を変えています。

※一部の標高の高い地域の詳細図では、広域図の標高値を設定しています。

●広域図	0m	200m	400m	600m	1000m	1400m	2000m	2600m～

●詳細図	0m	10m	20m	40m	80m	160m	300m	600m	1000m	1600m～

施設

分類	項目	説明	参照
車両基地・車両工場ほか	車両基地	車両基地とは列車の車庫や整備場などの機能をもつ鉄道施設で、すべての現役車両はいずれかの車両基地に配置されている。機能や配置されている車種などによって、車両センター、車両所、車両工場、運転所など、さまざまな呼び名が使われている	P12
	車両基地（全般検査可能）	鉄道車両は法に定められたサイクルで点検・整備が行われているが、もっとも大がかりな全般検査（オーバーホール）を行うことのできる車両基地	P12
	車両製造工場	鉄道車両メーカーの製造工場	P12
	信号場・信号所	単線区間での列車の入れ替えや待ち合わせ、路線の分岐点などに設けられた施設・設備。JRでは「信号場」、民鉄では「信号場」または「信号所」と呼ばれている	
路線情報	デッドセクション	電化区間のうち、直流と交流、直流同士・交流同士の異電圧など、異なる電気方式区間が接する境界に設けられた電気の流れていない区間	P13
	急勾配	原則として隣接する駅間で平均25‰（‰［パーミル］は勾配の単位で、1000m進んで上下する高低差を表す）以上、ワンポイントで33‰を超える勾配の区間を掲載	
	スイッチバック	山や峠などの急勾配を緩和する工夫のひとつ。急斜面に線路をジグザグに敷設し、列車の進行方向を変えながら急斜面を上るためのもの。また、平地でも途中駅や信号場などで、列車の進行方向が変わる場合も含まれる	P16 P17
	ループ線	180°以上のカーブを回りながら徐々に高度を上げて（あるいは下げて）、山や峠などの高低差を克服する工夫の一つ	P16 P17
	大カーブ	谷あいなどに沿って大きくカーブを描きながら線路を敷設し、徐々に高度を上げて（あるいは下げて）、山や峠などの高低差を克服する工夫の一つ	
	踏切	踏切のある地点（縮尺1:40,000以上の地図に掲載）	
公開施設・跡地ほか	鉄道博物館	鉄道をテーマにした博物館、および鉄道関連の展示コーナーを有する博物館	P06 P07
	鉄道記念館	特定の鉄道路線や駅など資料やゆかりの品々を保存・展示する施設。廃止駅の旧駅舎や駅跡に建設されたものが多い	P06 P07
	鉄道記念碑	鉄道関連の記念碑、顕彰碑	P06 P07
	車両展示	かつて全国の鉄道で活躍した車両を保存・展示している場所。保存車両のうち、現在も運転可能な車両は動態保存、それ以外を静態保存という。表記は現役時代の車両番号（例えばD51200なら、D51形蒸気機関車200号機のこと）、または車種	P06 P07
	廃線跡	廃線や廃止駅の遺構が顕著に残っている場所。旧駅舎や駅跡、橋梁跡、トンネル跡、線路跡など、文化財などの指定を受けている物件や見つけやすい物件を中心に掲載	P18 P19
	ロケ地	映画やTVドラマに登場した駅や鉄道施設、および撮影が行われたスポット。表記は作品名と簡単な説明	P04 P05
	その他鉄道施設	上記以外の特記すべき鉄道施設。現役の駅や車両基地内に残る旧鉄道施設なども含む	
景観・撮影	絶景ポイント［山岳・高原・平原ほか］	車窓から大自然の美しい風景を眺めることのできるポイント。扇形の開いている方向に、山や高原などの雄大な風景が広がる	P16 P17
	絶景ポイント［海・河川・湖沼ほか］	車窓から海や川、湖などの眺めを楽しむことができるポイント。席の移動や指定席を選ぶ手助けに活用してほしい	
	絶景ポイント［都市・街並み・建造物ほか］	車窓から有名な建造物や街並みなどを見られるポイント。数秒で通り過ぎてしまう場合も多いので、一瞬のチャンスを逃すことがないように	
	撮影ポイント	プロ鉄道写真家の結解学氏が教えてくれた、絵になる鉄道写真が撮れる有名&穴場ポイント。ただし、車両のみの撮影好適地は含まず	

駅・施設の付属情報

分類	項目	説明	参照
情報・施設関連	特急停車駅	通常運行の特急列車が停車する駅。特急料金を徴収しない私鉄特急の停車駅も含む	
	列車交換可能駅	単線区間の駅において列車の行き違いが可能な駅。2線以上の線路を有する駅	
	スイッチバック	構内にスイッチバック施設がある駅	P16 P17
	ループ線	構内にループ線施設がある駅	P16 P17
	頭端式ホーム	始発・終着駅のなかで、頭端（行き止まり）の車止めがあるホームを有する駅	
	転車台	構内に転車台がある駅や施設。転車台とは、蒸気機関車の方向を転換させるためのターンテーブルのこと	P12
	扇形車庫	構内に扇形車庫がある駅や施設。扇形車庫とは、転車台を要（かなめ）に扇形の形状をしている機関車の車庫で、扇形車庫、扇形機関庫、扇形庫とも呼ばれる	
	デッドセクション	構内にデッドセクションがある駅	P13
サービス関連	みどりの窓口	JRの指定券をはじめ、乗車券や特急券などを販売・発券する窓口。MARSシステムによりオンライン化されている。旅行代理店業務などを行う大規模なものもある	
	レンタカー	JRの駅レンタカーなど、構内にレンタカーのサービス窓口がある駅	
	駅弁	構内で駅弁業者が調製した「駅弁」を販売している駅。イベント時などに臨時販売される弁当は含まない	P11
	多目的トイレ	構内に多目的トイレを設置している駅	
	入浴施設・足湯	構内または駅の関連施設などに入浴施設、温泉施設、足湯などを設置している駅	P10
	立食そば	構内に立食いそばやうどん、きしめんなどの店舗・スタンドがある駅	
	駅スタンプ	来駅記念スタンプを設置している駅。駅スタンプは、発券窓口や改札口のそばに設置されている場合が多い	P09
	硬券入場券	硬券入場券を販売している駅	
	発車音楽	列車の発車を知らせる告知音として、著名曲をベースにしたオリジナルメロディを採用している駅。表記は発車メロディの原曲	
	駅ビル	構内に大型商業施設を有する駅、駅所有地内に駅舎に隣接して立つ商業ビル。注記はその名称	
選定関連	重要文化財	国の重要文化財に指定されている鉄道関連施設、旧鉄道施設の遺構、車両	
	登録有形文化財	国の登録有形文化財として認定されている鉄道関連施設、旧鉄道施設の遺構	P04 P05 P08 P14 P18 P19
	近代化産業遺産	経済産業省が制定した「近代化産業遺産群」に選定されている関連遺産のうち、鉄道関連の不動産および動産	P04 P05 P15
	鉄道記念物	日本の鉄道史上の重要な事物を保存・継承していくことを目的に、旧国鉄（国鉄の分割民営化後は、JR西日本が追加指定したことがある）が定めた制度。鉄道記念物と準鉄道記念物がある	P06 P07
	中部駅百選	運輸省（2000年からは国土交通省）中部運輸局管内の駅から、選考委員によって選ばれた中部地方を代表する100駅。廃止などにより現在は93駅	P08

◆地図に掲載されている鉄道情報は、2009年8月～11月までに調査・取材をした内容をもとに編集、その他の地図情報については2010年1月までに収集した情報に基づいて編集しております。細心の注意を払って掲載しておりますが、膨大かつ変化が激しい情報のため、現在の現地情報と本書との相違につきましてはなにとぞご了承ください。また、本書利用により事故、損害、トラブル等が生じても当社では責任を負いかねますのでご容赦のほど重ねてお願い申し上げます。

鉄道遺産

明治の東西幹線網を偲ぶ

日本アルプスを背に延びる中部地方の鉄道網は、日本でも有数の山岳線区が控えており、それを象徴するスイッチバック駅が現在も残っている。また、海側の東海道本線は明治中期に東西を結ぶ幹線として建設されたことから、当時を忍ぶ遺構が随所に見られる。

武豊線に見る東西幹線のルーツ

明治初期に構想された東西を結ぶ幹線鉄道は、現在の信越本線や中央本線を経由する中山道経由とされていたが、巨額の費用や難工事が予測されることから、1886（明治19）年7月に現在の東海道本線経由に決定された。すでにこの年の3月には、現在の東海道本線熱田～大府間と武豊線大府～武豊間が、通称「半田線」として開業していることから、武豊線には当時を忍ばせる遺構が残っている。一方、東西の幹線ルートから外された信越本線や中央本線などには、かつて難区間を示すかのように独特のスイッチバック駅が数多くあったが、現在、中部地方のJR線で旅客扱いを行うスイッチバック駅は信越本線二本木駅と篠ノ井線姨捨駅のみとなっており、貴重な存在だ。

（写真上左）えちぜん鉄道勝山駅舎は1914（大正3）年の完成。（写真上右）国鉄初の電気機関車となった碓氷峠用の10000形電気機関車。鉄道記念物として旧軽井沢駅舎記念館に保存されている。（写真下左）えちぜん鉄道勝山駅のホーム待合所。駅舎とともに登録有形文化財に認定された。（写真下右）廃止された名古屋鉄道三河線末端区間の終着駅だった西中金。廃止後も駅舎は登録有形文化財として残されている。

◆中部のおもな鉄道遺産

アプト式鉄道（10000号電気機関車）	旧軽井沢駅舎記念館	MAP→8 H-4
湯田中駅旧駅舎	長野電鉄湯田中	MAP→34 F-1
滝沢川橋梁	篠ノ井線稲荷山～姨捨	MAP→8 C-2
龍洞院架道橋	篠ノ井線稲荷山～姨捨	MAP→8 C-2
旧井波駅舎	井波町物産展示館	MAP→6 H-2
勝山駅本屋、ホーム待合所	えちぜん鉄道勝山	MAP→10 D-3
眼鏡橋	えちぜん鉄道三国芦原線	MAP→10 A-1
蒸気動車（キハ6401形気動車）	JR東海博物館	MAP→33 A-6
C57 139	JR東海研修センター	MAP→32 E-4
鉄道寮新橋工場	博物館明治村	MAP→27 C-4
六郷川鉄橋（2代目）	博物館明治村	MAP→27 C-4
5号御料車	博物館明治村	MAP→27 C-4
6号御料車	博物館明治村	MAP→27 C-4
旧国鉄武豊港駅直角二線式転車台	愛知県武豊町	MAP→30 H-4
旧三河広瀬駅舎、プラットホーム	愛知県豊田市	MAP→29 G-2
旧西中金駅舎、プラットホーム	愛知県豊田市	MAP→29 G-2
旧揖斐川橋梁	岐阜県大垣市	MAP→26 E-3
旧美濃駅本屋、プラットホーム、線路	岐阜県美濃市	MAP→14 H-3

1 姨捨（おばすて）駅スイッチバック

［篠ノ井線姨捨］

MAP 8 C-3

月見の名所でもある貴重な駅構造

姨捨駅は冠着（かむりき）と桑ノ原信号場の間にある篠ノ井線の駅で、1900（明治33）年11月1日に開業した。25パーミルという急勾配上にあるため、水平に設置された行き止まりの駅に列車を停車させるスイッチバック方式が採用されている。勾配上にあるスイッチバックの駅はかつて全国の山岳線区で当たり前のように見られたが、現在はこの姨捨駅のほかに、信越本線の二本木駅や土讃線の坪尻駅など、わずかに数えるだけとなってしまった。姨捨駅からの善光寺平の眺めは、かつての根室本線の狩勝峠付近や肥薩線の矢岳付近と並ぶ「日本三大車窓」に数えられており、古くから月の名所として知られていることから、有数の夜景スポットとしても人気がある。

篠ノ井線には指定文化財になった遺構も多いが、貴重なスイッチバックも立派な「鉄道遺産」だ。この駅からは、善光寺平の眺めもすばらしい。

2 旧糸魚川機関区機関車庫

［北陸本線糸魚川］

MAP 5 A-2

新幹線工事で姿消すレンガ製の車庫

1912（大正元）年に完成した3連アーチ式のレンガ製車庫で、2両編成の気動車を3編成収容できることから、現在も車庫として使用されている。残念ながら、2010（平成22）年3月以降には北陸新幹線工事に伴い撤去される予定となっているが、歴史のある建造物であることから、地元有志が糸魚川市とそのままの形で糸魚川駅南口へ移築する提案をしており、その動向が注目される。

3 半田駅跨線橋

［武豊線半田］

MAP 30 H-2

駅の跨線橋として現役最古

現在の武豊線を含む熱田～武豊間は、1886（明治19）年3月1日に開業しているが、半田駅はその時からある古い駅だ。構内には2番ホームと3番ホームを結ぶ跨線橋があるが、これは1910（明治43）年11月に完成したもので、JRに現存する跨線橋としてはもっとも古い。また、かつて信号機を灯すために灯油が使われていたことから、その当時のランプ小屋も残されている。

博物館・記念館

明治の鉄道・貨物鉄道など独自の指向が光る

中部地方に開設されている博物館、記念館にも魅力的なものが多い。なかでも明治期の建造物を数多く保存、展示している明治村は白眉の存在だ。この地方にかつて走った軽便鉄道や路面電車を扱った博物館もあり、それぞれが掲げるテーマを掘り下げた展示内容が興味をそそる。

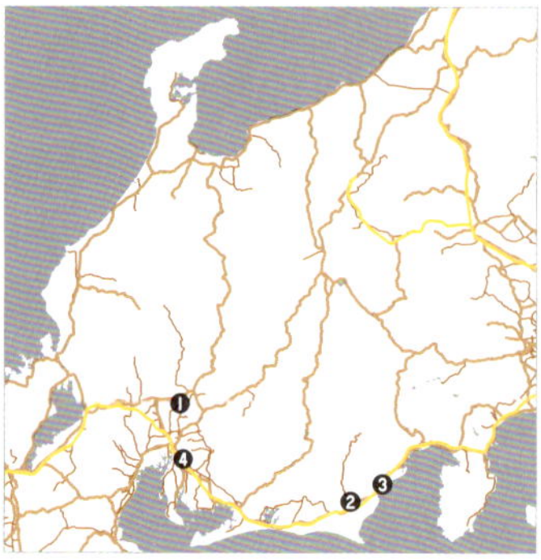

充実の明治村と独自指向な施設

愛知県犬山市の入鹿池のほとりにある広大な丘陵地に、博物館明治村がオープンしたのは1965（昭和40）年のこと。日本の歴史の中でも最大の転機となった明治という時代の、様々な文化財を保存することを目的として建設されたこの博物館は、その後も発展を遂げ、今日に至っている。屋外に並ぶ建物は全国から移築されたもので、この中には重要文化財の指定を受けているものも多く含まれている。鉄道関連の施設では工場の建物や、蒸気機関車と客車、路面電車も保存され、鉄道車両は実際に稼動し、園内の移動手段としても利用されている。

一方、国内唯一の貨物鉄道専門の博物館として存在感を発揮しているのが、貨物鉄道博物館だ。その規模は小さいものの、貴重な車両を保存。ボランティアスタッフの心遣いが、居心地のいい雰囲気を創り出している。他にも、中部には様々な鉄道博物館、記念館が存在し、地域住民や、ファンから愛されている。

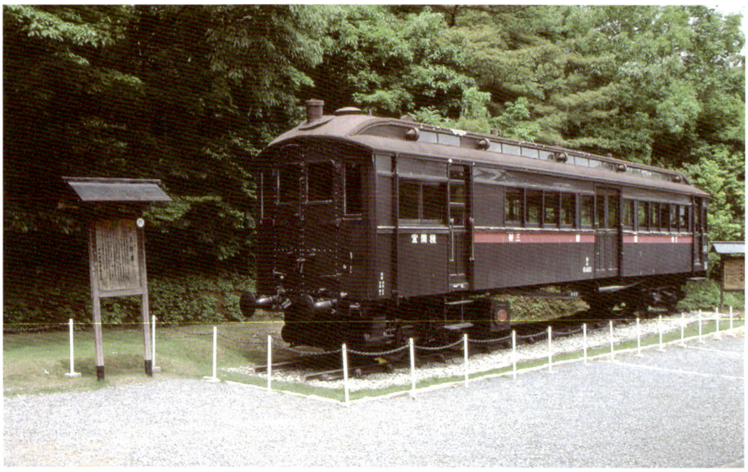

（写真上左・右）広大な丘陵地帯に展開している博物館明治村。（写真下左）旧名鉄美濃駅にはここで働いた車両も静態保存されている。（写真下中）名鉄尾張瀬戸駅の姿が再現されている瀬戸蔵ミュージアム。（写真下右）立山砂防軌道の模型も設置されている立山カルデラ砂防博物館。

◆中部のおもな博物館・記念館

博物館明治村	MAP⇒27 C-4	上田電鉄ミニ鉄道資料館	MAP⇒34 H-4	旧名鉄美濃駅	MAP⇒14 H-3
レトロでんしゃ館	MAP⇒33 I-2	野辺山SLランド	MAP⇒12 G-4	市営交通資料センター	MAP⇒32 C-4
プラザロコ	MAP⇒24 D-1	千頭駅SL資料館	MAP⇒24 G-4	立山カルデラ砂防博物館	MAP⇒7 E-2
藤枝市郷土博物館	MAP⇒24 E-1	名古屋市科学館	MAP⇒32 C-5	敦賀鉄道資料館	MAP⇒13 H-2
トレインギャラリー NAGANO	MAP⇒34 G-3	名鉄資料館	MAP⇒27 D-2	半田市鉄道資料館	MAP⇒30 H-2
旧軽井沢駅舎記念館	MAP⇒8 H-4	赤い電車小さなミュージアム	MAP⇒14 E-4	赤沢自然休養林	MAP⇒15 G-1
ながでん電車の広場	MAP⇒34 I-1	北恵那鉄道保存会館	MAP⇒15 E-4	瀬戸蔵ミュージアム	MAP⇒29 E-1

1 博物館明治村

［愛知県犬山市］

MAP 27 C-4

☎0568-67-0314 営9:30～17:00（3月～10月） 9:30～16:00（11月～2月） 休12月～2月の祝日を除く月曜 ¥大人1200円 所愛知県犬山市内山1 交名古屋鉄道犬山駅から岐阜バスコミュニティ明治村行きで「明治村」下車すぐ

明治期の貴重な建物を移築し、鉄道関連の資料も充実

明治期に建てられた建造物をはじめ、貴重な史料が多い博物館・明治村。その中で、鉄道車両も存分に存在感を発揮している。3両保存されている蒸気機関車のうち2両は今も稼動し、「名古屋駅」と「東京駅」の間800mを3両の客車を牽いて往復している。もう一つの稼動車両は路面電車だ。これは京都市で「N電」の愛称で親しまれていたオールドタイマー。こちらは「市電品川燈台駅」から途中「市電京都七條駅」を経て、「市電名古屋駅」の間を所要10分で運転。どちらの鉄道も移動手段として利用できるのが嬉しい。このほか、日本の鉄道黎明期の姿を伝える鉄道寮新橋工場の木造機関庫や、六郷川鉄橋の橋桁、旧・名鉄岩倉変電所の建物なども移築されており、その価値は極めて高い。遊技施設と同じ楽しい雰囲気ながら見所は多く、園内で過ごす時間は、またたく間に過ぎてしまうことだろう。

丘陵地帯に明治時代の文化財が多数移築されている。

2 プラザロコ

［静岡県島田市］

MAP 24 D-1

蒸気機関車と客車を展示

大井川鐵道新金谷駅前にある。館内の一角の「ロコミュージアム」でコッペル製機関車など2両の蒸気機関車と、井川線で働いた客車を展示している。昭和30～40年代の駅舎も再現されている。

☎0547-45-2230 営9:00～17:00（入館は～16:30） 休年中無休 ¥無料 所静岡県島田市金谷1112-2 交大井川鐵道新金谷駅下車すぐ

3 藤枝市郷土博物館・文学館

［静岡県藤枝市］

MAP 24 E-1

軽便電車の雄・駿遠線を学ぶ

藤枝市の歩みを紹介する資料館。「軽便鉄道と藤枝」と題するコーナーで、静岡鉄道駿遠線の在りし日の姿を紹介する。屋外には同線で働いた蒸気機関車B15号が静態保存されている。

☎054-645-1100 営9:00～17:00（入場は～16:30） 休月曜（月曜祝日の場合は翌日休）、祝休日の翌日 ¥大人200円 所静岡県藤枝市若王子500 交JR藤枝駅から新静岡方面行バスで「蓮華寺池公園入り口」下車、徒歩10分

4 レトロでんしゃ館

［愛知県日進市］

MAP 33 I-2

名古屋市で働いた電車5両を静態保存

名古屋市で活躍した路面電車3両1400形・2000形・3000形と、名古屋地下鉄の開業時に活躍した地下鉄車両100形2両を静態保存。このほか館内には現役時代の路面電車の姿を紹介する写真や、電車の部品などが展示され、今日のものとは異なる古きよき時代の電車の姿を学べる。地下鉄の電車運転シミュレーターも楽しい。

☎052-807-7587 営10:00～16:00 休水曜（祝日の場合は翌平日） ¥入場無料 所愛知県日進市浅田町笹原30 交名古屋市営地下鉄鶴舞線赤池下車徒歩7分

中部の駅百選

一般公募の「百選駅」として2番目ながら鋼索・索道の駅も選出

「中部の駅百選」は運輸省〜国土交通省の中部運輸局が公募して選定した、いわば、一足先に選定された「関東の駅百選」の中部版である。図書館など公共施設を併設している駅など選定の条件はさまざまであるが、ロープウェイの駅も織り込まれているところが、「中部の駅百選」の特色である。

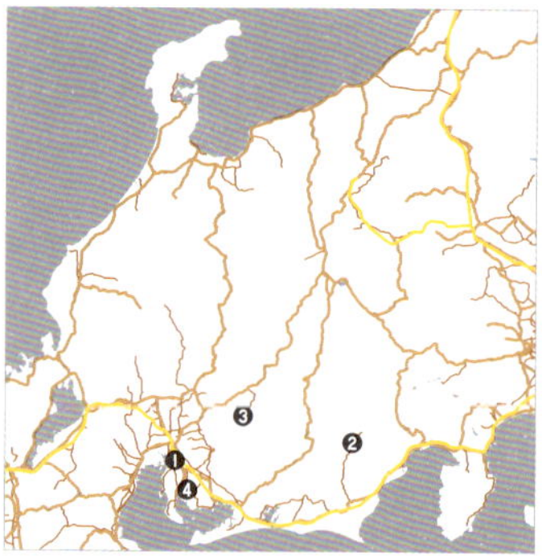

1 金山駅

［東海道本線・中央本線／名古屋鉄道／名古屋市交通局］

MAP 32 C-6

名古屋第二の中核を担う統合駅

東海道本線・中央本線・名鉄名古屋本線・名古屋市営地下鉄名城線は、それぞれの路線が金山で至近にありながら駅を別々に建て、互いに連絡していなかった。東海道本線にいたっては駅さえなかった。そうした不便を解消するため、4線を統合する駅として1989（平成元）年に愛知県での世界デザイン博開催にあわせて新駅舎が誕生した。統合駅誕生にあたってはそれまで若干南方に位置していた名鉄金山橋駅を、1面2線の中央本線ホームにそろえるように移設し、金山駅と改称、JR東海は東海道本線に1面2線のホームを作った。東海道本線は金山駅に特急・急行を除く全列車が停車し、岐阜・名古屋・豊橋方面からのアクセスが向上したことで金山駅の地位が高まった。これら3線は掘割にあり、線路上に人工地盤を設けて駅舎と東西自由通路を配した。2面4線の島式ホームの名鉄駅は、上下ホームとも基本的に豊橋方面と中部空港・知多半島方面に振り分けている。また、地下駅のため拡張できず増発に難がある名鉄名古屋駅がふさがるのをふせぐため、名古屋方にある2本の引上げ線を利用して金山止まりの列車を設定している。2面4線の地下鉄駅は駅舎の東側に位置する。2004（平成16）年には名城線の東部分が完成し環状運転を行っている。名城線の枝線にあたる金山〜名古屋港間は名港線と改称した。

2 奥大井湖上駅

［大井川鐵道］

MAP 24 H-2

湖に浮かんだように見える秘境駅

ダム建設に伴い付け替えられた井川線の新線に設けられた駅である。駅のある湖にせり出した陸地は巨大な橋に挟まれ、陸の孤島のように見える。駅は接岨峡へのハイキングコースの入口である。

3 明智駅

［明知鉄道］

MAP 19 D-1

日本大正村への玄関口

1面1線のホームを持つ終着駅ながら車両基地がある明知鉄道の中枢駅である。構内には多くの側線もある。また、明智町は大正時代の建築物が多く残り、「日本大正村」と名づけて町おこしを行っている。

4 亀崎駅

［武豊線］

MAP 31 A-2

日本最古の現役駅舎ががんばる

1886（明治19）年に開業した武豊線は愛知県最古の鉄道である。亀崎駅も同線が開通したときから当地にある駅で、開業当時から建つ、駅舎としては日本最古の木造建築である。近年は名古屋の通勤圏に入ってきた。

駅スタンプ

民鉄もにぎやかな中部のスタンプ

中部地区のJR駅スタンプは、JR東海の東海事業本部と静岡支社、JR西日本の金沢、JR東日本の長野、八王子の各支社が管内の主な駅に統一された形式のスタンプを設置している。民鉄では富山地方鉄道、長野電鉄、富士急行、天竜浜名湖鉄道、長良川鉄道などにスタンプがあるのでのんびり列車の旅を楽しみながら集めたい。

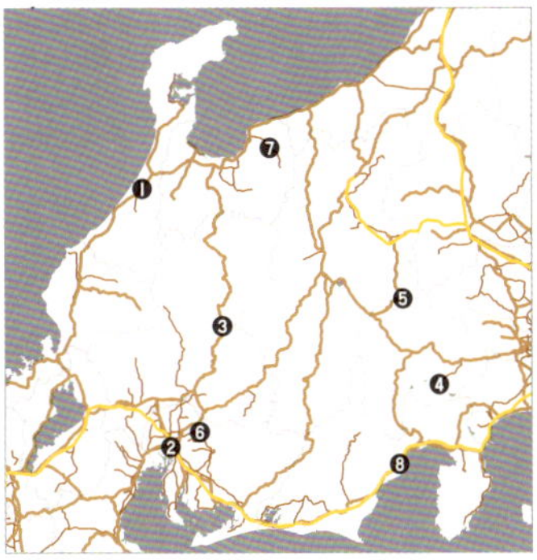

1 金沢駅

［北陸本線］

MAP 6 B-2

城下町金沢のシンボル

金沢支社管内のスタンプは「わたしの旅スタンプ」形式で統一。加賀百万石の城下町金沢は日本三名園の一つ兼六園をデザイン。

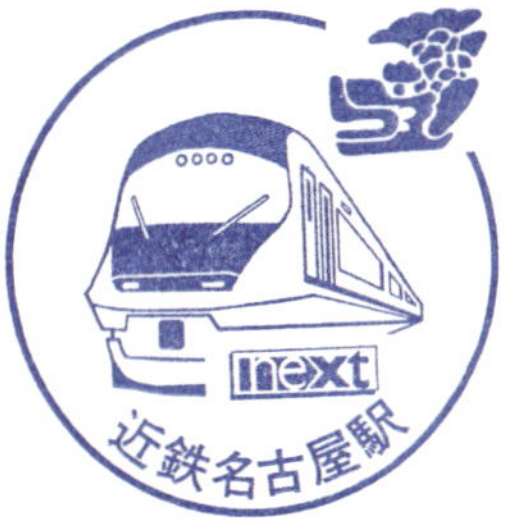

2 近鉄名古屋駅

［近畿日本鉄道名古屋線］

MAP 32 B-5

特急列車とシンボル金鯱

名古屋駅でスタンプが常時押せるのは意外にも近鉄のみ。特急と鯱（しゃちほこ）というシンプルさだが、鯱だけで名古屋とわかる。

3 下呂駅

［高山本線］

MAP 11 C-6

日本三名泉のひとつ

東海鉄道事業本部のスタンプは路線ごとに印形が異なる。高山本線は山をイメージした形で統一。河原沿いの下呂温泉街を描く。

4 富士吉田駅

［富士急行線］

MAP 関東13 B-4

富士山と富士五湖への拠点

富士登山と富士五湖への拠点駅、富士吉田駅のスタンプは富士山と富士五湖をデザイン。ひと目で富士吉田駅のスタンプとわかる。

5 野辺山駅

［小海線］

MAP 12 G-4

日本一標高の高い駅

野辺山はJRで一番標高の高い駅。駅舎と最高地点碑をデザイン。長野支社のスタンプは標高が明記されているのが特徴。

6 愛・地球博記念公園駅

［愛知高速交通東部丘陵線］

MAP 29 E-1

日本唯一の浮上式リニア

2005（平成17）年の愛知万博の足として活躍したリニモ。観覧車と電車を描いたデザインで、最近では珍しい日付更植式。

7 宇奈月駅

［黒部峡谷鉄道本線］

MAP 4 F-4

絶景の車窓！ トロッコ列車

黒部峡谷沿いを約1時間かけて走るトロッコ列車の起点駅。沿線でも有数の撮影スポットである新山彦橋は駅から歩いてすぐ。

8 興津駅

［東海道本線］

MAP 20 G-4

峠から眺める絶景富士山

静岡支社のスタンプは富士山を描いたものが多い。興津駅は海の向こう側に富士山が見える絶景ポイント薩埵（さった）峠を描く。

◆中国・四国のその他のおもな駅のスタンプ（左から駅名／ジャンル／地図ページ索引符号）

富山	自然	MAP➡3 B-4	敦賀	自然・建物	MAP➡13 H-2	天竜峡	自然	MAP➡15 H-4	千頭	自然	MAP➡24 G-4
氷見	自然	MAP➡4 A-4	小浜	自然・歴史	MAP➡13 E-4	木曽福島	歴史	MAP➡11 G-5	浜松	祭り	MAP➡24 A-6
砺波	花	MAP➡6 H-1	長野	建物	MAP➡34 E-3	甲府	自然	MAP➡16 H-2	豊橋	行事	MAP➡23 D-6
和倉温泉	温泉	MAP➡3 H-1	湯田中	自然	MAP➡34 F-1	身延	自然・歴史	MAP➡16 G-5	岐阜	行事	MAP➡26 G-2
穴水	自然	MAP➡1 D-5	松本	建物	MAP➡34 D-5	高山	歴史	MAP➡11 C-2	美濃白鳥	スポーツ	MAP➡10 G-5
福井	歴史	MAP➡9 D-5	軽井沢	自然	MAP➡8 H-4	静岡	歴史	MAP➡24 F-6	明智	歴史	MAP➡19 D-1

鉄道遺産
博物館・記念館
中部の駅百選
駅スタンプ
温泉・足湯
駅弁
車両基地・車両工場
デッドセクション
橋梁
トンネル
峠と難所
廃線跡・未成線

温泉・足湯

列車で訪れ宿泊したり、途中下車で立ち寄りたい温泉。鉄道と温泉をバランスよく楽しめる中部地方

いくつかの火山帯を擁し、鉄道網も発達した中部は、鉄道で行ってみたい温泉の宝庫。温泉客の輸送を目的に敷設された鉄道や、かつて文士が鉄道で訪れた温泉地で、レトロムードに浸ってみよう。また、駅に隣接した温泉には、ぜひ途中下車して立ち寄ってみたいものだ。

新幹線 JR 民鉄

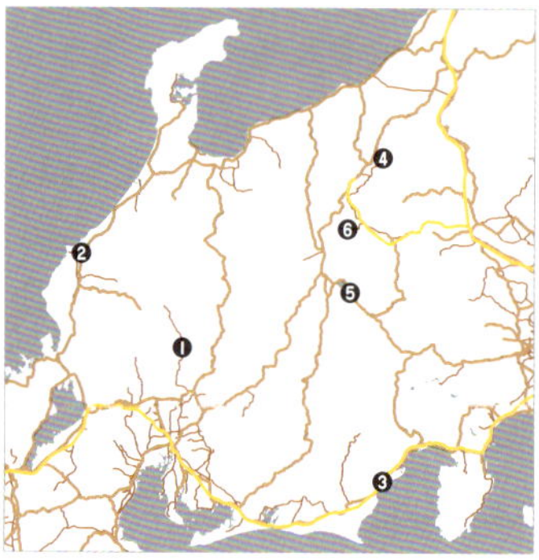

1 子宝の湯

[長良川鉄道みなみ子宝温泉]

MAP 14 H-2

駅舎に日帰り温泉施設。長良川鉄道の利用で格安に

2002（平成14）年に開業したみなみ子宝温泉駅。駅舎は日帰り入浴施設「日本まん真ん中温泉 子宝の湯」（写真）となっている。およそ1～2時間に上下各1本の列車がある長良川鉄道。そののんびりとした旅情は、途中下車してひと風呂浴びるのにぴったりだ。長良川鉄道を利用してみなみ子宝温泉駅で下車の際、降車証明書をもらい、温泉の入口で呈示すれば、入湯税50円のみで入浴できる。泉質はアルカリ性単純温泉。無色透明・無臭。

2 えちぜん鉄道あわら湯のまち

[北陸本線芦原温泉]

MAP 6 A-6

日帰り温泉施設へ徒歩5分

1883（明治16）年開湯の、北陸を代表する温泉地。発見の経緯として、農民が井戸掘りをしたところ、偶然お湯が出たというエピソードがある。「セントピアあわら」（写真）は、現代的なデザインの共同浴場。開湯110周年を記念して、温泉街の一角に街のシンボルとして建てられた。浴室は「天の湯」「地の湯」の二種類で、1週間ごとに男女が入れ替わる。JR北陸本線の芦原温泉駅からはバスで10分。泉質はナトリウム・カルシウム-塩化物泉。無色透明・無臭。飲泉可能。

3 焼津黒潮温泉

[東海道本線焼津]

MAP 24 E-1

日帰り入浴施設へもすぐ

地下1500mから汲み上げた温泉で、海水の約半分の濃度の塩分を含む。駅前には「JR焼津駅前足湯」がある。「焼津駅前健康センター」（写真）は駅から徒歩2分。ナトリウム・カルシウム-塩化物泉。無色透明・無臭。

4 湯田中温泉

[長野電鉄湯田中]

MAP 34 F-1

駅前に足湯と日帰り温泉施設
湯田中渋温泉郷の入口

湯田中駅の目の前にあり、地元の人で賑わうのが「湯田中駅前温泉 楓の湯」（写真）。300円とリーズナブルで、足湯は無料で利用できる。泉質はナトリウム-塩化物・硫酸塩温泉。

5 上諏訪温泉

[中央本線上諏訪]

MAP 12 C-3

上諏訪駅1番線ホームに足湯
エキナカ温泉の草分け的存在

温泉がある駅として親しまれてきた上諏訪駅。風呂は2002（平成14）年に「JR上諏訪駅足湯」（写真）に改装され、列車の待ち時間にくつろぐ客で賑わっている。泉質は単純温泉。無色透明・無臭。

6 別所温泉

[上田電鉄別所温泉]

MAP 34 E-6

駅前に日帰り温泉施設
信州最古と伝えられる古湯

約1000年前の開湯といわれている名湯。駅前の「別所温泉 あいそめの湯」（写真）には介助を受けて入浴できる福祉風呂や、岩盤浴もある。泉質は単純硫黄泉。無色透明、硫黄臭。飲泉可能。

駅弁

古きよき時代から変わらぬ味の駅弁を求めて 中部地方の本線の駅へ

**早い時期に鉄道の整備が進んだ東海道本線、中央本線、信越線、北陸本線沿線。
列車や車窓風景は新しくなっても、
明治、大正、昭和、平成と変わらぬ味の駅弁がある。
また、老舗駅弁業者が近年開発した、創意工夫が光る駅弁も食してみたい。**

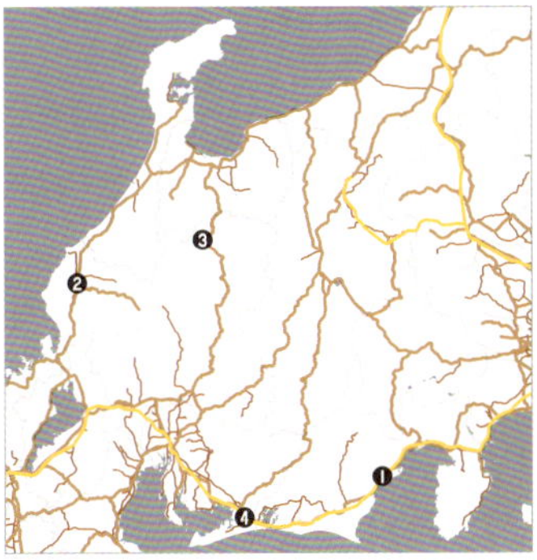

1 元祖鯛めし

[東海道本線静岡]

MAP 24 F-6

ご飯と甘いそぼろのシンプルな駅弁

1889（明治22）年創業の東海軒が調製。1897（明治30）年発売。うすい醤油味のご飯の上に、甘い味付けの鯛そぼろが敷き詰められている。おかずのないこのスタイルこそ、伝統ある駅弁の証だ。570円。もっとボリュームが欲しければ、鯛めしに野菜の煮物、魚の切り身などのおかずが付いた「特製鯛めし」（750円）もある。

2 越前かにめし

[北陸本線福井]

MAP 9 D-5

カニとご飯だけのシンプルさが人気の駅弁

1902（明治35）年創業の番匠本店が調製。かにをかたどった小ぶりの容器を開けると、ぱっと広がるカニの香りが食欲をそそる。カニ味噌と炊いたご飯の上には、鮮やかな色のカニのほぐし味が敷き詰められている。付け合わせなどはなく、至ってシンプルである。おみやげに持ち帰り、カニチャーハンにするのもおすすめとか。1000円。

3 ほう葉みそ弁当

[高山本線高山]

MAP 11 C-2

老舗が作ったハイテクの味

1934（昭和9）年、高山本線の開通とともに高山駅で駅弁の営業を始めた金亀館が、2006（平成18）年にリニューアル発売した駅弁。ひもを引くと発熱体が反応し、数分後にはアツアツに。飛騨牛入り。1100円。

4 稲荷寿し

[東海道本線豊橋]

MAP 23 D-6

明治から続く甘口の稲荷寿司

豊橋駅開業の翌年、1889（明治22）年に構内営業を開始した壺屋弁当部の看板商品。稲荷寿しは明治末期からの販売。油揚げはたっぷりと煮汁を含み、こってりとした甘い味になっている。480円。

◆中部のおもな駅弁

敦賀	あなごすし	900円	MAP➡13 H-2
加賀温泉	加賀きたまえ鮨	1000円	MAP➡6 C-5
加賀温泉	甘えび寿し	1250円	MAP➡6 C-5
富山	ますのすし	1300円	MAP➡3 B-4
富山	ぶりのすし	1300円	MAP➡3 B-4
松本	地鶏めし	840円	MAP➡34 D-5
塩尻	とりめし	610円	MAP➡12 B-2
塩尻	ワインランチ	950円	MAP➡12 B-2
美濃太田	松茸の釜飯	950円	MAP➡27 C-2
高山	味の合掌づくり	950円	MAP➡11 C-2
小淵沢	高原野菜とカツの弁当	850円	MAP➡12 E-5
小淵沢	元気甲斐	1300円	MAP➡12 E-5
名古屋	特製とり御飯	1050円	MAP➡32 B-5
名古屋	びっくりみそかつ	980円	MAP➡32 B-5
名古屋	特製とり御飯	1050円	MAP➡32 B-5
浜松	うなぎ弁当	1300円	MAP➡24 A-6
静岡	茶めし弁当	950円	MAP➡24 F-6
新富士	竹取物語	1000円	MAP➡20 H-3
新富士	極　富士宮やきそば弁当	980円	MAP➡20 H-3

確実に手に入れたい場合は予約をおすすめします。

車両基地・車両工場

新幹線から蒸気機関車までさまざま 特に東海道筋で多彩な車両に出会える

中部地方で特徴的なのは、東海道本線に沿う静岡県内に新幹線と蒸気機関車の車両基地があることだ。片や最新鋭の鉄道車両を検修し、一方は産業遺産を守る。検修内容は異なるが、安全運行を保つ使命は同じである。

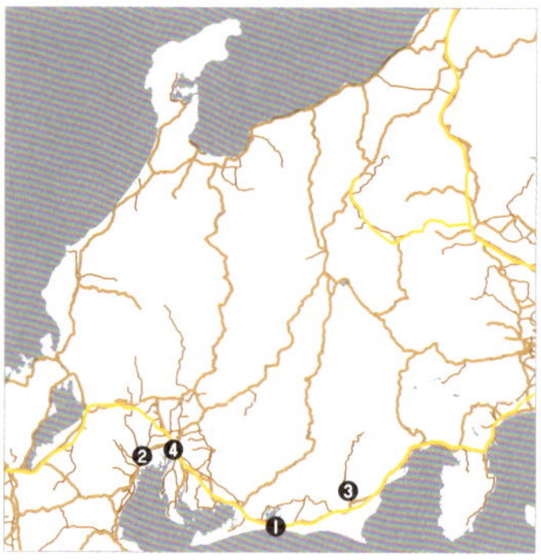

1 JR東海浜松工場

[静岡県浜松市]

MAP 24 A-6

東海道新幹線の総合病院

浜松駅から車で約15分のところにあり、新幹線車両と在来線車両の検修を行う。1912（大正元）年に車両工場として稼働し、東海道新幹線の検修は開業翌年の1965（昭和40）年から携わる。入出庫線が工場の近くで道路と交差し、踏切を横断する新幹線が見られる。

2 近畿日本鉄道富吉検車区

[愛知県蟹江町]

MAP 28 G-3

白い特急電車が勢揃い

富吉駅そばにあり、名古屋線系統の通勤型電車と、アーバンライナー（写真）全編成を含む特急電車を配置する。近鉄名古屋駅から離れているため、特急の折り返し整備には車両配置のない米野車庫を使用している。

3 大井川鐵道新金谷車両区

[静岡県島田市]

MAP 24 D-1

SLの動態保存に力を入れる

新金谷駅そばにあり、SLや電車など、大井川鐵道の車両の整備を行う。構内の片隅には部品取り用にSLを保管している。SL列車はここで組成され、金谷駅へ向かうときはSLが千頭方について推進回送を行う。

4 JR貨物愛知機関区

[愛知県稲沢市]

MAP 26 H-6

紀勢本線を走る ディーゼル機関車を配置

東海道本線清洲～稲沢間にあるJR貨物の車両基地で、稲沢駅は貨物も取り扱う。国鉄時代には稲沢機関区と称し、SLや直流電気機関車を配置していた。現在はEF64形・DD51形・DE10形を配置する。EF64形は中央本線経由で信越本線北長野駅まで入線し、重連でコンテナや石油タンク車を牽引する。DD51形は関西本線・伊勢鉄道経由で紀勢本線まで運用され、石油コンビナートや臨海工業地帯の四日市や、紀州製紙の工場が立地する紀宝町鵜殿へ走る。紀勢本線の三重県側は非電化区間であるため、本州内でディーゼル機関車牽引の貨物列車が設定されている貴重な区間となっている。また、関西本線は名古屋駅で東へ向かって延びるため、東海道本線の東京寄りや中央本線とはスイッチバックの関係になる。このため四日市や鵜殿からの貨物列車は東京方面へスルー運転できず、名古屋貨物ターミナル行きを除き名古屋から約10km西にある稲沢駅まで運行され、改めて機関車を付け替えて東京方面や長野方面へ向かう。DE10形は稲沢駅構内の入換えや稲沢～名古屋港間の貨物列車を担当する。貨物取扱駅である四日市・西浜松・吉原・富士駅構内での入換え作業も当区が担っている。

（写真上）東海道線稲沢駅ホームからも眺められる愛知機関区。（写真下）幅広い運用に就く同区のDD51形ディーゼル機関車。

デッドセクション

日本の中央部に位置する中部には、デッドセクションが集中する

中部地方を代表する交流電化路線――北陸本線。
方式の異なる直流電化のネットワークに埋もれるようなロケーションは、
多数の境界部にそれぞれデッドセクションという無電流区間が必要になった。
経済性を買われて導入された交流方式だが直流のほうが有利なケースがあり、
電化完成後にデッドセクションの新設や移動も行われている。

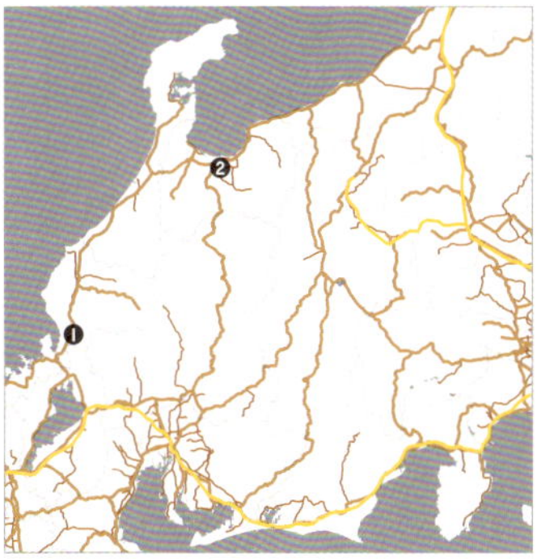

1 敦賀〜南今庄

[北陸本線]

MAP 13 H-2

北陸本線の西の交直セクション

北陸本線の敦賀駅と北陸トンネル入口の間に設けられ、北陸本線はここから米原までは直流1500V、糸魚川駅東方までは交流2万V60Hzで電化されている。北陸本線の交流電化は1957（昭和32）年の田村（米原から2駅目）〜敦賀間に始まって10年余りで完成したが、滋賀県北部と敦賀市では京阪神への電車直通の要望が大きく、1991（平成3）年に長浜〜田村間、2006（平成18）年に敦賀〜長浜間の直流化が実施された。敦賀までの直流化に伴い、湖西線・小浜線（ともに直流）と北陸本線の交直セクションも解消されている。北陸本線は敦賀駅から北陸トンネルに向かって上り坂になっており、デッドセクションは、下り線（直江津方面）はトンネル寄り、上り線（米原方面）は敦賀駅寄りに設けられた。そのため、下り列車は踏切支障などで減速すると無電区間の位置で止まってしまうおそれがある。そこで、下り線は手前の直流区間に中セクションを設け、非常時には加圧して、列車が再び力行できるようになっている。デッドセクションは惰行で通過しなければならないので、列車の加速のためには、駅からの距離が長くなるのもやむをえない。

（写真上）下り線のデッドセクション区間を走る特急「サンダーバード」。北陸自動車道をくぐる。（写真下左）上り線のデッドセクション区間を走る普通列車。（写真下右）中セクション。非常時に加圧して再力行が可能。

2 富山駅

[富山地方鉄道]

MAP 3 B-4

大阪・名古屋と立山と直通運転を偲ばせる

北陸本線の交流2万V60Hzと富山地方鉄道本線の直流1500Vを直通運転するための渡り線にデッドセクションが構内に設けられている。以前はJRの特急の乗入れに使われていたが、現在は普通列車はなく、休止状態になっている。

column

鉄道線に直通した路面電車

名古屋鉄道はかつて岐阜地区に直流600Vの路線網を持っており、都心の徹明町と美濃の間には美濃町線が走っていた。美濃町線は路面走行の区間が多く、岐阜市内での利便に問題があった。この路線の利便性を高めるため、名鉄は1970（昭和45）年に田神線（田神〜競輪場前）を開通させ、美濃町線の電車が各務原線田神駅を通って新岐阜（現名鉄岐阜）駅に直通できるようにした。犬山・名古屋・各務原の各線は直流1500Vを使用していたので、田神線の田神〜市ノ坪間にデッドセクションを設け、新設計の複電圧車両で直通させるようにしたのである。このサービスは好評を博したが、その後の利用の低迷で、名鉄の600V路線網は2005（平成17）年に全廃された。

橋梁

観光スポットとして欠かせない、そして日本の動脈を支える橋梁たち

日本の屋根と呼ばれる中部山岳地帯は、大山脈が無数の谷を刻んでいる。人々は深い谷へ潜り込み、資源を得るための鉄路を敷いた。よくもこんな険しい場所に…と絶句するほど、見事な姿の鉄道橋が多い。その一方、新幹線を支える橋は、技術大国のシンボルである。

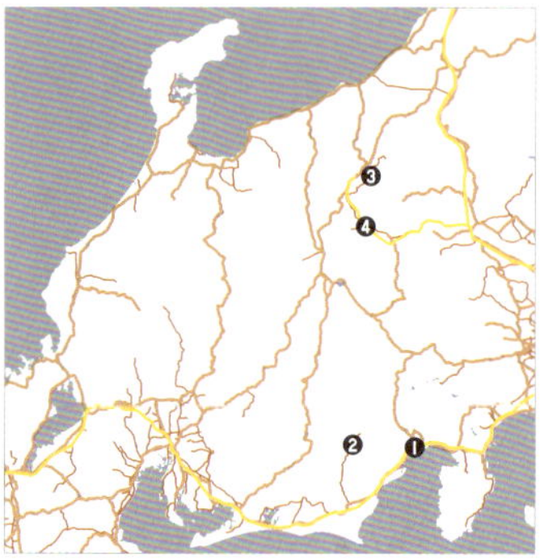

1 富士川橋梁

[東海道新幹線新富士～静岡間]

MAP 20 H-3

東海道新幹線の有名撮影地のひとつ

長さ1373mの鋼橋。長大なワーレントラスが連続する。東北新幹線の第一北上川橋梁ができるまでは日本最長の鉄道橋で、富士山をバックに富士川を渡る東海道新幹線の0系は、戦後日本の繁栄のシンボルだった。今はこの鉄橋を700系やN700系が駆け抜けていく。

2 奥大井レインボーブリッジ

[大井川鐵道井川線ひらんだ～奥大井湖上～接岨峡温泉間]

MAP 24 G-2

ダム湖の水面に延びる橋

奥大井湖上駅を挟む2本の鋼橋の総称で、長さは286mと195m。ともに上路式のワーレントラスとなっている。長島ダムの建設に伴い、線路の付け替えによってこの橋が作られた。奥大井湖上駅は展望のための観光施設である。

3 村山橋梁(2代目)

[長野電鉄長野線柳原～村山間]

MAP 34 G-2

千曲川をまたぐ鉄道道路併用橋

長さ838mの鋼橋で、連続ワーレントラスの橋が2本並んでいる。かつての村山橋梁を2009（平成21）年に架け替えたもので、旧橋と同じく、国道406号と長野電鉄が一つの橋をシェアする併用橋として作られた。線路は下流側にある。

4 第二千曲川橋梁

[長野新幹線佐久平～上田]

MAP 34 H-5

ハープを思わせるデザイン

上田駅の東方（佐久平寄り）にある長さ270mのコンクリート橋。主塔1脚の斜張橋で、65mの高さから多数のケーブルでコンクリート桁を支えている。優美な姿は長野新幹線のシンボルともなっている。「上田ハープ橋」の愛称があり、上田市都市景観賞を受賞している。

トンネル

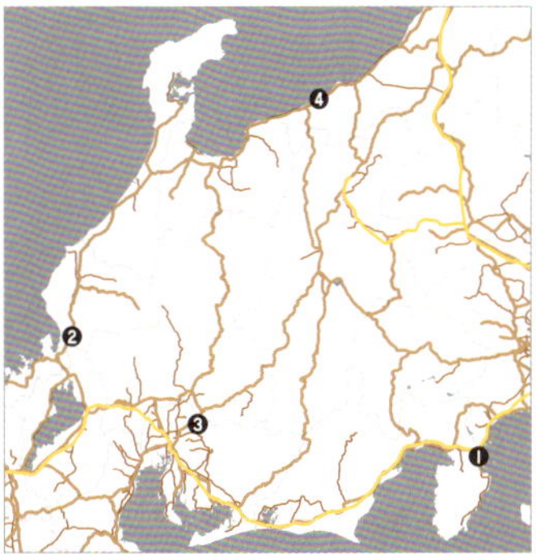

施工技術の進化の標本が集まる中部のトンネル

日本の重要な流通ルートである太平洋ベルト地帯と日本海縦貫線。
中部地方はこの2ルートを抱え、古くから鉄道が延びている。
戦前に建設した路線は谷間を縫った短いトンネルが連続するが、
交通量が増えた本線ではトンネルを新設してスピードアップした区間も多い。
中部はトンネルの進化が見て取れる、そうした地域である。

1 丹那トンネル

[東海道本線熱海〜函南]

MAP 関東17 D-3

戦前のトンネル工事の代表的存在

急勾配が連続する、御殿場経由の旧本線を迂回するルートとして建設された。全長は7804m。熱海から伊豆半島の付け根部分の丹那盆地を貫くこのトンネルは、1918（大正7）年に着工し7年の工期を予定。しかし、砂礫でできた地層があるうえ、丹那盆地に大量の地下水があったことから湧水や崩落事故が多発した。さらに1930（昭和5）年にはトンネル予定地を横断する断層を震源地とする北伊豆地震が発生。これらの要因で工期は延び1934（昭和9）年に竣工、工費も770万円から2600万円にふくれあがった。トンネルは直線で計画されたが、熱海・函南の両方から掘り進み出会ったときに左右に約2.4m食い違っていた。このため中心付近に半径約4kmの曲線を3か所入れている。丹那トンネルの開通で御殿場経由より11.8km短縮され、到達時間の短縮と運行費用の削減が図られた。なお長大トンネルはSLの煤煙の排出が困難なことから、当初から直流電化である。丹那トンネル開通で国府津〜熱海間の熱海線は東海道本線に、御殿場経由の旧線は御殿場線と改称された。トンネル完成から25年後には、戦前の弾丸列車計画で途中まで掘っていたトンネルを再利用し東海道新幹線の新丹那トンネルを着工、丹那トンネル工事の教訓も活かして5年で完成した。

（写真上）函南寄りの丹那トンネル西口。（写真下）西口近くには殉職者の慰霊碑が建立されている。

2 北陸トンネル

[北陸本線南今庄〜敦賀]

MAP 13 H-2

高度経済成長期のシンボルとして切手も発行された

スイッチバックと短いトンネル、急勾配が連続する海岸沿いの南今庄駅〜敦賀間の旧線を改善するもので、1962（昭和37）年に完成し、普通列車は1時間も所要時間が短縮された。全長は1万3870mで、陸上にある狭軌鉄道では日本最長である。

3 愛岐トンネル

[中央本線古虎渓〜定光寺]

MAP 27 E-5

旧トンネル群は近代化産業遺産に認定

中央本線の愛知・岐阜県境は、かつて土岐川に沿って14か所のトンネルが連続していた。これを切り換える目的で1966（昭和41）年に完成したのが本トンネルである。全長は2910m。

4 頸城トンネル

[北陸本線筒石〜能生]

MAP 5 C-1

トンネル内に駅がある

フォッサマグナが付近にあり地質が複雑で地滑り災害が頻発していた糸魚川駅〜直江津駅間の改良区間の一つで、1969（昭和44）年から供用を開始。全長は1万1353mで、途中の筒石駅はトンネル内に移設された。

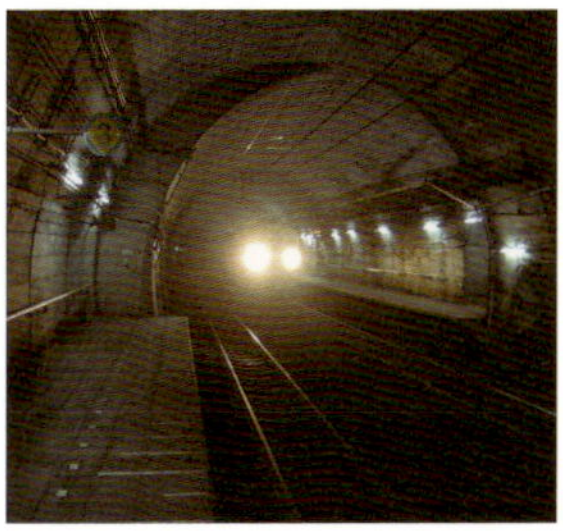

峠と難所

日本の中央部に横たわるいくつもの難所

**糸魚川静岡構造線などいくつもの断層系が横たわる中部地方。
高い山、深い谷も随所に見られ鉄路の行く手を阻もうとする人々の叡智は、
いつしかこのハードルをなきものとしたが、
同時に幾つものドラマを生み出した。
美しい風景の陰にそれぞれの歴史が隠れている。**

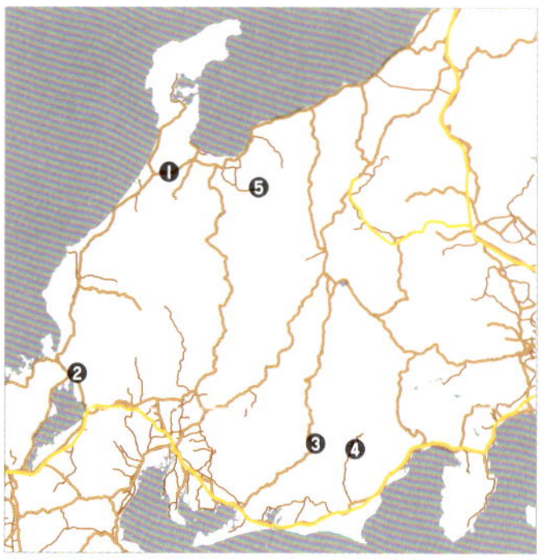

多くの山脈が広がる中部地方

アルプス山系など、中部地方には日本を代表する高山帯が連なり、そこには深い谷も刻まれる。峻険な山肌は、太古の昔からそこに人々が足跡をしるすことを拒み続けてきた。明治期以降、鉄道路線網を築こうとする人々が、この未開の地に挑み、新しい道筋を作り上げたが、それは膨大な量の努力の結晶でもあった。

ことに中央構造線が走る地域の谷は深く、ここを通ろうとする鉄道の建設に際しての苦労は大きく、今も語り草となっているエピソードは数多い。

とりわけ、立山黒部アルペンルートが通り、砂防軌道や峡谷鉄道も設けられている立山、北アルプス周辺の交通機関に関する逸話は群を抜く。夏のハイシーズンには数多くの観光客を楽しませる路線も、冬は深い雪の中に閉ざされて春を待つ。保守にかかる手間も並大抵のものではない。高原の夏は短く、それゆえに美しいのだが、ここを旅することがあったならば、鉄路を守る人々の努力にも思いを馳せてみたい。

大井川鐵道のアプト区間も魅力的な路線だ。ダムサイトの風景は美しく、機関車のホイッスルが響く山は深い。90パーミルという、日本の普通鉄道としては最急勾配があるのがこの区間だ。

1 倶利伽羅峠

[北陸本線石動～津幡]

MAP 3 G-6

古くから知られた難所

富山県と石川県の県境にある倶利伽羅（くりから）峠は、古くから難所として知られ、多くの歴史物語の舞台となった。北陸本線開通の後もその勾配はきつく、後年にトンネルが掘られ、旧線が廃止となった区間もある。蒸機の時代には、E10形などの大型機がこの地で働いた。非電化の鉄道にとって、峠越えには、大きな苦労が伴った。

2 柳ヶ瀬隧道

[北陸本線木ノ本～敦賀]

MAP 13 H-3

機関士までも苦しめた長い峠道

福井県と滋賀県の県境に掘られた旧・柳ヶ瀬トンネルは、蒸気機関車の乗務員から「魔のトンネル」と呼ばれた。トンネル内では運転室内にも煙が充満し、実際に12人が窒息死したという。それでも峠越えを担った機関区には、腕利きの機関士ばかりが集められた。現在は新線（写真）に切り替えられ、ループ線となっている。

3 天竜川沿い

[飯田線平岡～為栗など]

MAP 20 A-1

天竜川の流れに沿って延びる細く長い道

豊橋と辰野を結ぶ飯田線は、その核心部、おもに中部天竜駅から天竜峡にかけての区間で、天竜川に沿った深い谷の底を走る。この区間はトンネルと橋梁が連続し、沿線に民家も少なく、列車の運転本数も極端に少ない。車窓には山河が広がり乗客を楽しませるが、同時に建設に従事した人々の苦労が偲ばれる。

4 長島ダム付近

[大井川鐵道井川線]

MAP 24 G-2

現代に生まれた日本唯一のアプト式鉄道

大井川鐵道井川線、アプトいちしろ駅～長島ダム間には、現在、日本で唯一のものとなるアプト式鉄道が存在している。ダムの建設で旧線が水底に沈み、新たに日本最急の90パーミル勾配と、アプト式鉄道が生まれた。ここでは専用機関車が働き、機関車増結のための停車時間も、旅のアクセントとなっている。

5 立山周辺

[立山黒部貫光／黒部渓谷鉄道ほか]

MAP 7 F-2

夏は観光客で賑わう高原の鉄道は冬は深い雪に閉ざされる

立山黒部アルペンルートのうち長野県の扇沢と黒部ダムの間6.1kmを結ぶ関西電力のトロリーバス300形。通称・関電トンネルトロリーバス。終点の黒部ダム駅からは徒歩15分で黒部ケーブルに接続する。

長野県と富山県、岐阜県の3県にまたがって広がる北アルプス（飛騨山脈）は、槍ヶ岳、穂高岳、白馬（しろうま）岳、立山などを有する日本屈指の山岳地帯だ。その峻険さは比類のないものではあるが、人々の叡智はこの山岳地帯の周辺にも多くの鉄道路線を延ばした。その代表格が信濃大町と室堂を結ぶ通称「立山黒部アルペンルート」で、トロリーバス、ケーブルカー、ロープウェイなど、いくつもの交通機関を乗り継いでの山岳地帯横断は、雄大な景観が満喫でき、訪れた者を感動させずにはおかない。豪雪地帯の高山のルートゆえ、冬場は全面運休となるのも特徴の一つ。春の運転再開の時期には、バスは高い雪の壁に囲まれた中を走る。宇奈月から欅平（けやきだいら）までを走る黒部峡谷鉄道は、元々はダム建設の資材運搬用として建設された路線。今も線路の幅は新幹線のもののおよそ半分の762mmと、その規格は低いが、紅葉の時期の沿線風景は特に美しく、遠来の観光客を存分に楽しませている。この鉄道も、深い雪に備えて、冬の間は一部の線路が取り外されている。そしてもう一つ、これは旅客輸送を行う鉄道ではないが、知る人ぞ知る存在となっているのが立山砂防工事専用軌道だ。国土交通省によって運営されているこの路線は、常願寺川の砂防工事のために敷設され、富山地方鉄道立山駅近くの起点、千手ヶ原連絡所から終点の水谷出張所までの17.7km、道のりの途中には、18段連続のスイッチバックも設けられている。線路幅は610mmと最小。シーズン中には抽選による公開が行われている。

黒部峡谷の険しくも美しい自然に惹かれ、多くの観光客が黒部峡谷鉄道のトロッコ客車に揺られにやってくる。

廃線跡・未成線

三つの地域が織りなす廃線の諸事情

本州中部に位置する中部地方は、太平洋側の東海地方、山間部の長野県、岐阜県、日本海側の北陸地方で構成されている。輸送量の減少によるローカル線の廃止が多いという点はすべての地域に共通しているが、東海地方では戦後、未来型鉄道の開業と廃止が相次いだという特徴もある。

昨日の「未来」は今日の「廃線」に

中部地方の旧・国鉄線は、まず東海道本線などの幹線網が形成され、続いて幹線から分岐するローカル線を建設。1980年代には国鉄再建法に基づくローカル線の整理で一部が廃止された。民鉄も国鉄線から分岐するローカル線が建設されたが、そのほとんどは戦後に廃止されている。一方、東海地方では大手民鉄の名古屋鉄道が、その資本力を背景にローカル線の経営を維持してきたが、近年は経営環境の厳しさからローカル線の整理が進んだ。また、モノレールや新交通システムなど未来型鉄道システムの開業が相次いだのも東海地方の特色といえるが、もともと実験線としての性格が強かったことや、沿線の開発計画の縮小などが災いして廃止されたものが多い。

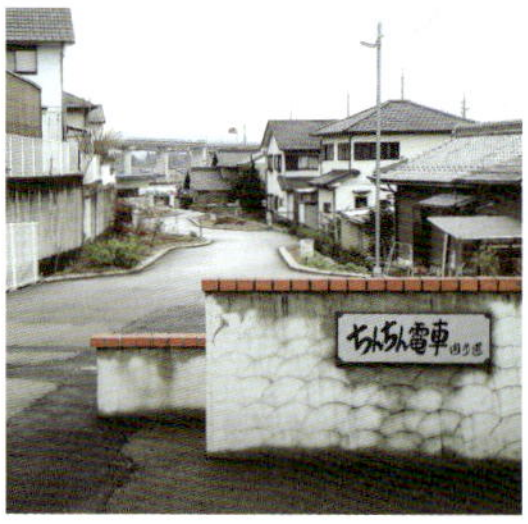

(写真上左) 小学校の通学路になった中津川線の築堤。(写真上右) 名鉄谷汲線北野畑駅はホームだけが残った。(写真下左) 愛知万博のIMTSは半年で廃止。(写真下中) 名鉄美濃町線の松森～美濃間の線路跡は遊歩道に再生。(写真下右) 天竜二俣駅のすぐ近くで佐久間線のトンネルが口を開ける。

◆中部のおもな廃線

上田交通真田傍陽線(上田～真田・傍陽)	MAP⇒34 H-4
上田丸子電鉄西丸子線(下之郷～西丸子)	――
布引電気鉄道(小諸～島川原)	――
松本電気鉄道(新島々～島々)	――
加越能鉄道加越線(石動～庄川町)	MAP⇒6 G-1
富山地方鉄道射水線(新富山～越ノ潟)	――
のと鉄道七尾線(穴水～輪島)	MAP⇒1 D-4
のと鉄道能登線(穴水～蛸島)	MAP⇒1 F-4
北陸鉄道能登線(羽咋～三明)	MAP⇒3 F-3
尾小屋鉄道(新小松～尾小屋)	MAP⇒6 D-5

京福電気鉄道越前本線(勝山～京福大野)	MAP⇒10 D-3
福井鉄道南越線(社武生～戸ノ口)	――
北陸本線(旧線)(敦賀～今庄)	――
遠州鉄道奥山線(遠鉄浜松～奥山)	MAP⇒24 A-6
静岡鉄道駿遠線(駿河岡部～新藤枝～新袋井)	――
豊橋鉄道田口線(本長篠～三河田口)	MAP⇒19 F-5
名古屋市交通局協力会東山公園線(動物園～植物園)	――
名古屋鉄道モンキーパークモノレール線(犬山遊園～動物園)	――
桃花台新交通(小牧～桃花台東)	――
北恵那鉄道(中津川～下付知)	MAP⇒15 E-4

1 名古屋鉄道美濃町線

［徹明町～美濃］

MAP 14 H-3

レトロの雰囲気を今に残す美濃駅

名古屋鉄道美濃町線は1911（明治44）年に開業した美濃電気軌道を起源とし、1923（大正12）年までに岐阜市と現在の美濃市を結ぶ路線が完成。1930（昭和5）年に名古屋鉄道と合併した。いわゆる路面電車の走る路線だったが、道路に軌道を設置した区間と専用の敷地を走る区間が混在しており、とくに郊外では田舎道に設置された単線軌道を小柄な電車が走り抜けていく姿が珍しく、注目を浴びていた。しかし、輸送力や運行速度が貧弱で、自動車交通の普及とともに輸送量は減少。2005（平成17）年に全線が廃止された。終点の美濃駅は駅舎が保存されており、レトロな雰囲気の「丸窓」を備えたモ512形とともに往時の雰囲気を残している。

道路脇の線路跡は空き地になったが、神光寺～松森間などに橋桁が現存。旧美濃駅では往時の姿そのままに電車が保存されている。

2 桃花台新交通

［小牧～桃花台東］

MAP 27 B-5

失政のツケを体現する高架の廃線跡

小牧市郊外の桃花台ニュータウンと名古屋鉄道小牧線をつなぐ新交通システムとして1991（平成3）年に開業。しかし開発計画が縮小され、さらに名古屋市中心部に乗り入れていない小牧線との連絡を図ったこともあって輸送量が伸び悩み、2006（平成18）年に廃止された。廃線となった高架橋の撤去は膨大な費用がかかるため現在も放置されており、ニュータウン計画の失敗を体現している。

3 佐久間線

［遠江二俣～中部天竜］

MAP 19 H-5

天竜川のダム湖に架かる橋脚は遊歩道に

二俣線遠江二俣駅（現・天竜浜名湖鉄道天竜二俣駅）から天竜川に沿って飯田線中部天竜駅に至る未成線。1967（昭和42）年に着工したが、沿線人口が少ない上に道路整備が先行したことから、遠江二俣～遠江横山間の路盤がほぼ完成した1980（昭和55）年に凍結された。船明ダム湖をまたぐ天竜川第2橋梁は橋脚のみ完成したが、現在は人道橋用の桁を架設した遊歩道に生まれ変わっている。

中部索引図

1:1,500,000

0　20　40　60km

地図上の1センチは15キロメートル

凡例

駅　トンネル　計画線　新幹線

JR線

私鉄線※

フェリー　旅客船

■ 車両基地　白川郷合掌集落 世界遺産

■ 鉄道博物館　※地下鉄線の地上部分を含む

1 広域図

26 詳細図

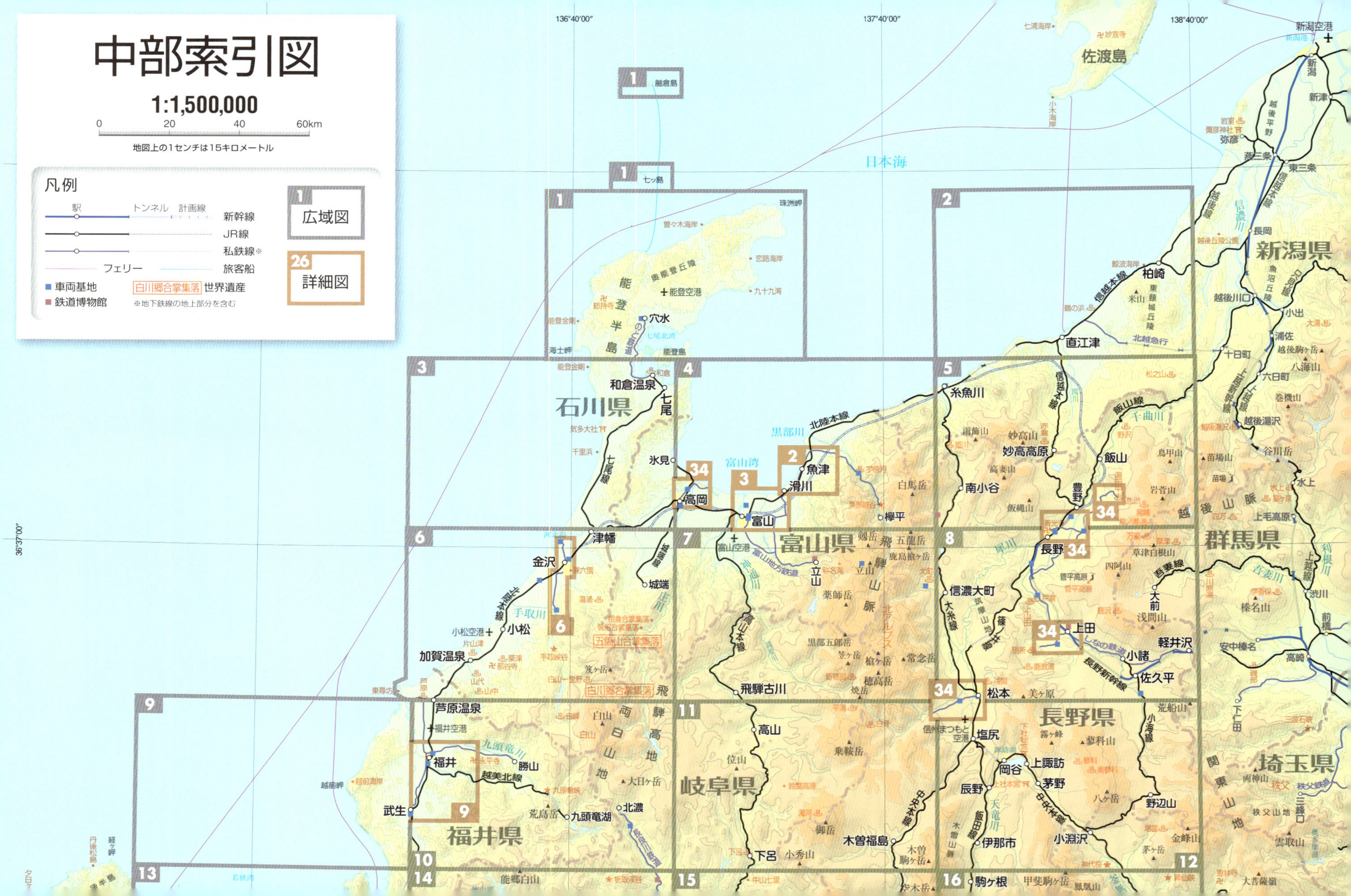

新潟中北部の広域図、新潟の詳細図は
レールウェイマップル **東北**
山梨東部、静岡東部の広域図、富士の詳細図は
レールウェイマップル **関東**
京阪神周辺の詳細図は
レールウェイマップル **関西**
に収録しています

1:250,000

0 2 4 6 8 10km

地図上の1センチは2.5キロメートル

鉄道施設 景観

- 車両基地(全般検査可能)
- 車両基地
- 車両製造工場
- 信号場・信号所
- デッドセクション
- 急勾配
- スイッチバック
- ループ線
- 大カーブ
- 鉄道博物館
- 鉄道記念館
- 鉄道記念碑
- 車両展示
- 廃線跡
- ロケ地

路線

- 新幹線
- 2.0km 駅間距離
- JR複線
- JR単線
- 私鉄複線
- 私鉄単線
- 貨物線
- 新交通・モノレール
- ケーブルカー
- ロープウェイ
- 廃線
- バス
- カーフェリー
- 旅客船

その他鉄道施設
撮影ポイント
絶景ポイント

駅・施設の付属情報

1234-5678 駅コード
ご利用案内 表紙裏ページ

特急停車駅 / 列車交換 / スイッチバック / ループ線 / 頭端式ホーム / 転車台 / 扇形車庫 / デッドセクション / みどりの窓口 / レンタカー / 駅弁 / 多目的トイレ / 入浴施設 / 立食そば / 駅スタンプ / 硬券入場券 / 発車音楽 / 駅ビル / 重要文化財 / 登録有形文化財 / 近代化産業遺産 / 鉄道記念物 / 中部の駅百選

1:250,000

0 2 4 6 8 10km

地図上の1センチは2.5キロメートル

鉄道施設 景観 →

車両基地（全般検査可能） 信号場・信号所 スイッチバック 鉄道博物館 車両展示

車両基地 デッドセクション ループ線 鉄道記念館 廃線跡

車両製造工場 急勾配 大カーブ 鉄道記念碑 ロケ地

信越本線

越後線

北陸本線

北越急行ほくほく線

路線 ↓

新幹線

2.0km 駅間距離

JR複線

JR単線

私鉄複線

私鉄単線

貨物線

新交通・モノレール

ケーブルカー

ロープウェイ

廃線

バス

カーフェリー

旅客船

その他鉄道施設
撮影ポイント
絶景ポイント

駅・施設の付属情報

1234-5678 駅コード
ご利用案内 → 表紙裏ページ

特急停車駅 / 列車交換 / スイッチバック / ループ線 / 頭端式ホーム / 転車台 / 扇形車庫 / デッドセクション / みどりの窓口 / レンタカー / 駅弁 / 多目的トイレ / 入浴施設 / 立食そば / 駅スタンプ / 硬券入場券 / 発車音楽 / 駅ビル / 重要文化財 / 登録有形文化財 / 近代化産業遺産 / 鉄道記念物 / 中部の駅百選

1:250,000
0 2 4 6 8 10km
地図上の1センチは2.5キロメートル

鉄道施設
景観

車両基地(全般検査可能)
車両基地
車両製造工場
信号場・信号所
デッドセクション
急勾配
スイッチバック
ループ線
大カーブ
鉄道博物館
鉄道記念館
鉄道記念碑
車両展示
廃線跡
ロケ地

北陸本線
城端線
氷見線
七尾線
のと鉄道七尾線

路線
新幹線
2.0km 駅間距離
JR複線
JR単線
私鉄複線
私鉄単線
貨物線
新交通・モノレール
ケーブルカー
ロープウェイ
廃線
バス
カーフェリー
旅客船

その他鉄道施設
撮影ポイント
絶景ポイント

駅・施設の付属情報

1234-5678 駅コード
ご利用案内 ➡ 表紙裏ページ

特急停車駅 / 列車交換 / スイッチバック / ループ線 / 頭端式ホーム / 転車台 / 扇形車庫 / デッドセクション / みどりの窓口 / レンタカー / 駅弁 / 多目的トイレ / 入浴施設 / 立食そば / 駅スタンプ / 硬券入場券 / 発車音楽 / 駅ビル / 重要文化財 / 登録有形文化財 / 近代化産業遺産 / 鉄道記念物 / 中部の駅百選

1:250,000

0 2 4 6 8 10km

地図上の1センチは2.5キロメートル

鉄道施設 景観

- 車両基地（全般検査可能）
- 車両基地
- 車両製造工場
- 信号場・信号所
- デッドセクション
- 急勾配
- スイッチバック
- ループ線
- 大カーブ
- 鉄道博物館
- 鉄道記念館
- 鉄道記念碑
- 車両展示
- 廃線跡
- ロケ地

路線

- 新幹線
- 2.0km 駅間距離
- JR複線
- JR単線
- 私鉄複線
- 私鉄単線
- 貨物線
- 新交通・モノレール
- ケーブルカー
- ロープウェイ
- 廃線
- バス
- カーフェリー
- 旅客船

その他鉄道施設
撮影ポイント
絶景ポイント

駅・施設の付属情報

1234-5678 駅コード
ご利用案内 → 表紙裏ページ

特急停車駅 / 列車交換 / スイッチバック / ループ線 / 頭端式ホーム / 転車台 / 扇形車庫 / デッドセクション / みどりの窓口 / レンタカー / 駅弁 / 多目的トイレ / 入浴施設 / 立食そば / 駅スタンプ / 硬券入場券 / 発車音楽 / 駅ビル / 重要文化財 / 登録有形文化財 / 近代化産業遺産 / 鉄道記念物 / 中部の駅百選

1:250,000

0 2 4 6 8 10km

地図上の1センチは2.5キロメートル

鉄道施設
景観

車両基地(全般検査可能)
車両基地
車両製造工場
信号場・信号所
デッドセクション
急勾配
スイッチバック
ループ線
大カーブ
鉄道博物館
鉄道記念館
鉄道記念碑
車両展示
廃線跡
ロケ地

信越本線
飯山線
大糸線
北陸本線
長野電鉄長野線

路線
新幹線
2.0km 駅間距離
JR複線
JR単線
私鉄複線
私鉄単線
貨物線
新交通・モノレール
ケーブルカー
ロープウェイ
廃線
バス
カーフェリー
旅客船

その他鉄道施設
撮影ポイント
絶景ポイント

駅・施設の付属情報

1234-5678 駅コード
ご利用案内 ⇔ 表紙裏ページ

特急停車駅 / 列車交換 / スイッチバック / ループ線 / 頭端式ホーム / 転車台 / 扇形車庫 / デッドセクション / みどりの窓口 / レンタカー / 駅弁 / 多目的トイレ / 入浴施設 / 立食そば / 駅スタンプ / 硬券入場券 / 発車音楽 / 駅ビル / 重要文化財 / 登録有形文化財 / 近代化産業遺産 / 鉄道記念物 / 中部の駅百選

1:250,000

0 2 4 6 8 10km

地図上の1センチは2.5キロメートル

鉄道施設
景観 →

車両基地（全般検査可能） 信号場・信号所 スイッチバック 鉄道博物館 車両展示
車両基地 デッドセクション ループ線 鉄道記念館 廃線跡
車両製造工場 急勾配 大カーブ 鉄道記念碑 ロケ地

北陸本線
城端線
七尾線
北陸鉄道石川線
えちぜん鉄道三国芦原線

路線

新幹線
2.0km 駅間距離
JR複線
JR単線
私鉄複線
私鉄単線
貨物線
新交通・モノレール
ケーブルカー
ロープウェイ
廃線
バス
カーフェリー
旅客船

9
10

その他鉄道施設
撮影ポイント
絶景ポイント

駅・施設の付属情報

1234-5678 駅コード

ご利用案内 ➡ 表紙裏ページ

特急停車駅 / 列車交換 / スイッチバック / ループ線 / 頭端式ホーム / 転車台 / 扇形車庫 / デッドセクション / みどりの窓口 / レンタカー / 駅弁 / 多目的トイレ / 入浴施設 / 立食そば / 駅スタンプ / 硬券入場券 / 発車音楽 / 駅ビル / 重要文化財 / 登録有形文化財 / 近代化産業遺産 / 鉄道記念物 / 中部の駅百選

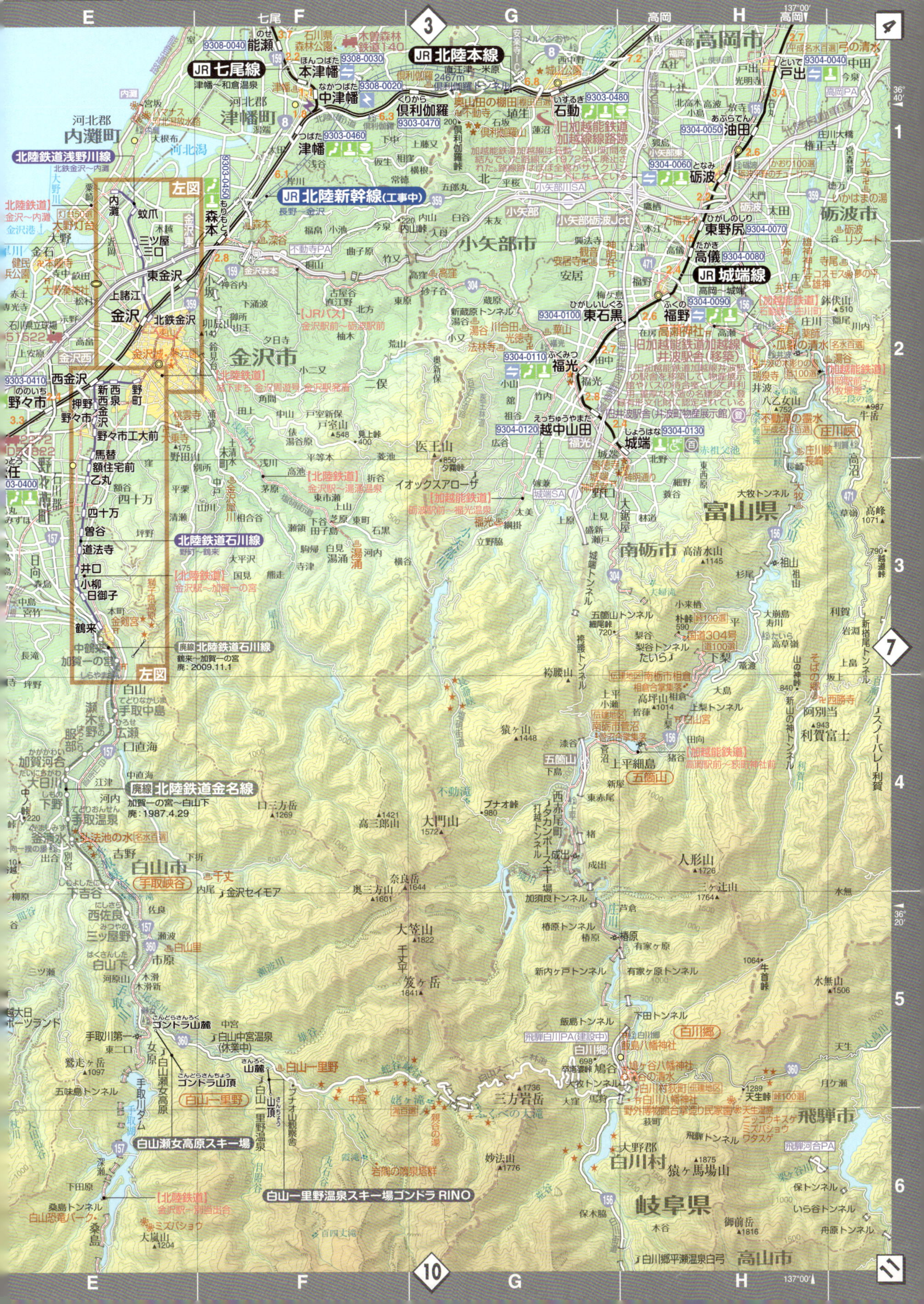

1:250,000

0 2 4 6 8 10km

地図上の1センチは2.5キロメートル

鉄道施設
景観 →

- 車両基地（全般検査可能）
- 車両基地
- 車両製造工場
- 信号場・信号所
- デッドセクション
- 急勾配
- スイッチバック
- ループ線
- 大カーブ
- 鉄道博物館
- 鉄道記念館
- 鉄道記念碑
- 車両展示
- 廃線跡
- ロケ地

路線↓

- 新幹線
- 2.0km 駅間距離
- JR複線
- JR単線
- 私鉄複線
- 私鉄単線
- 貨物線
- 新交通・モノレール
- ケーブルカー
- ロープウェイ
- 廃線
- バス
- カーフェリー
- 旅客船

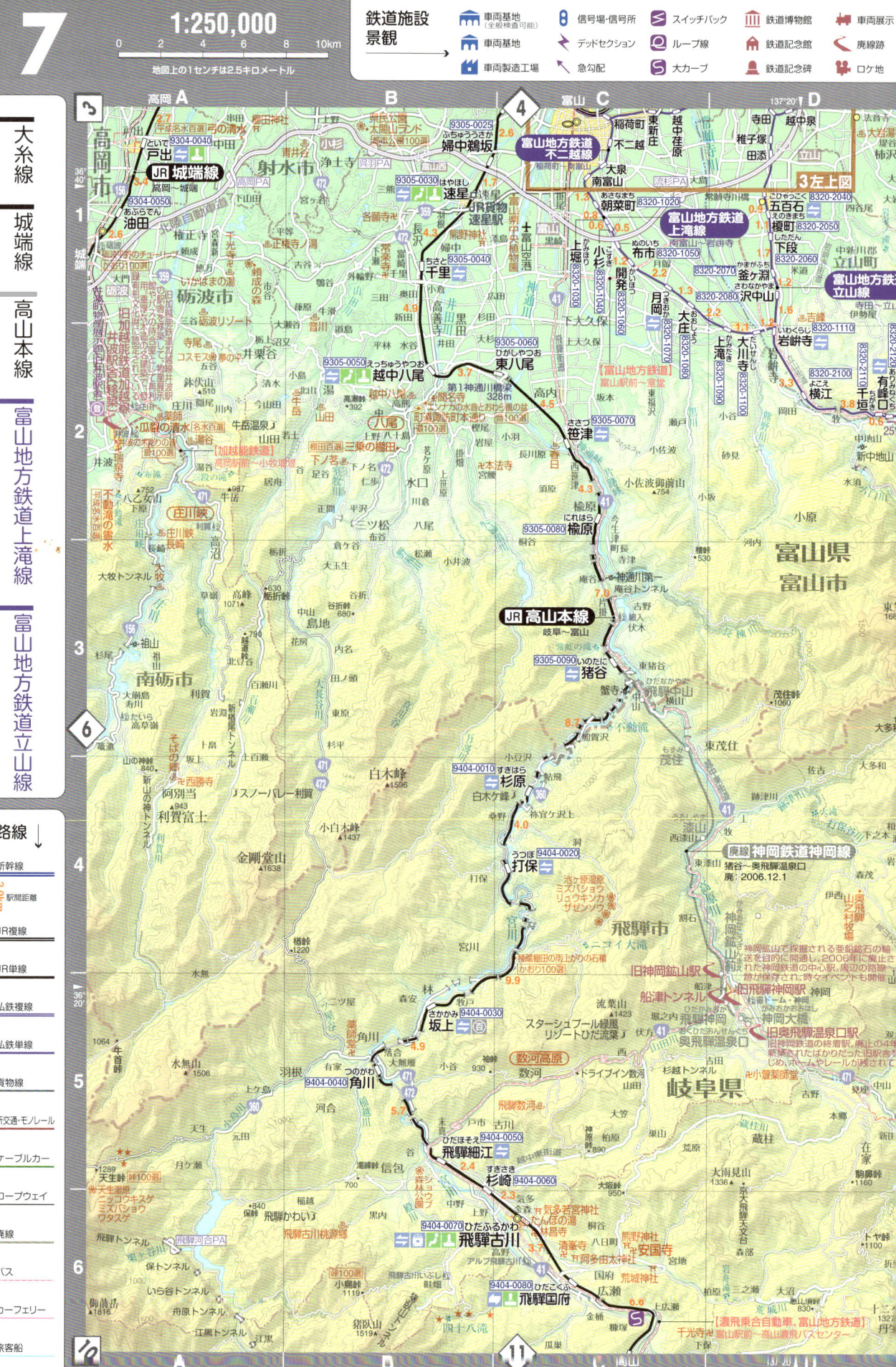

その他鉄道施設
撮影ポイント
絶景ポイント

駅・施設の付属情報

1234-5678 駅コード
ご利用案内 ➡ 表紙裏ページ

特急停車駅 / 列車交換 / スイッチバック / ループ線 / 頭端式ホーム / 転車台 / 扇形車庫 / デッドセクション / みどりの窓口 / レンタカー / 駅弁 / 多目的トイレ / 入浴施設 / 立食そば / 駅スタンプ / 硬券入場券 / 発車音楽 / 駅ビル / 重要文化財 / 登録有形文化財 / 近代化産業遺産 / 鉄道記念物 / 中部の駅百選

1:250,000

0 2 4 6 8 10km

地図上の1センチは2.5キロメートル

鉄道施設 景観 →

車両基地（全般検査可能） / 車両基地 / 車両製造工場 / 信号場·信号所 / デッドセクション / 急勾配 / スイッチバック / ループ線 / 大カーブ / 鉄道博物館 / 鉄道記念館 / 鉄道記念碑 / 車両展示 / 廃線跡 / ロケ地

北陸新幹線
吾妻線
信越本線
大糸線
小海線
篠ノ井線
しなの鉄道

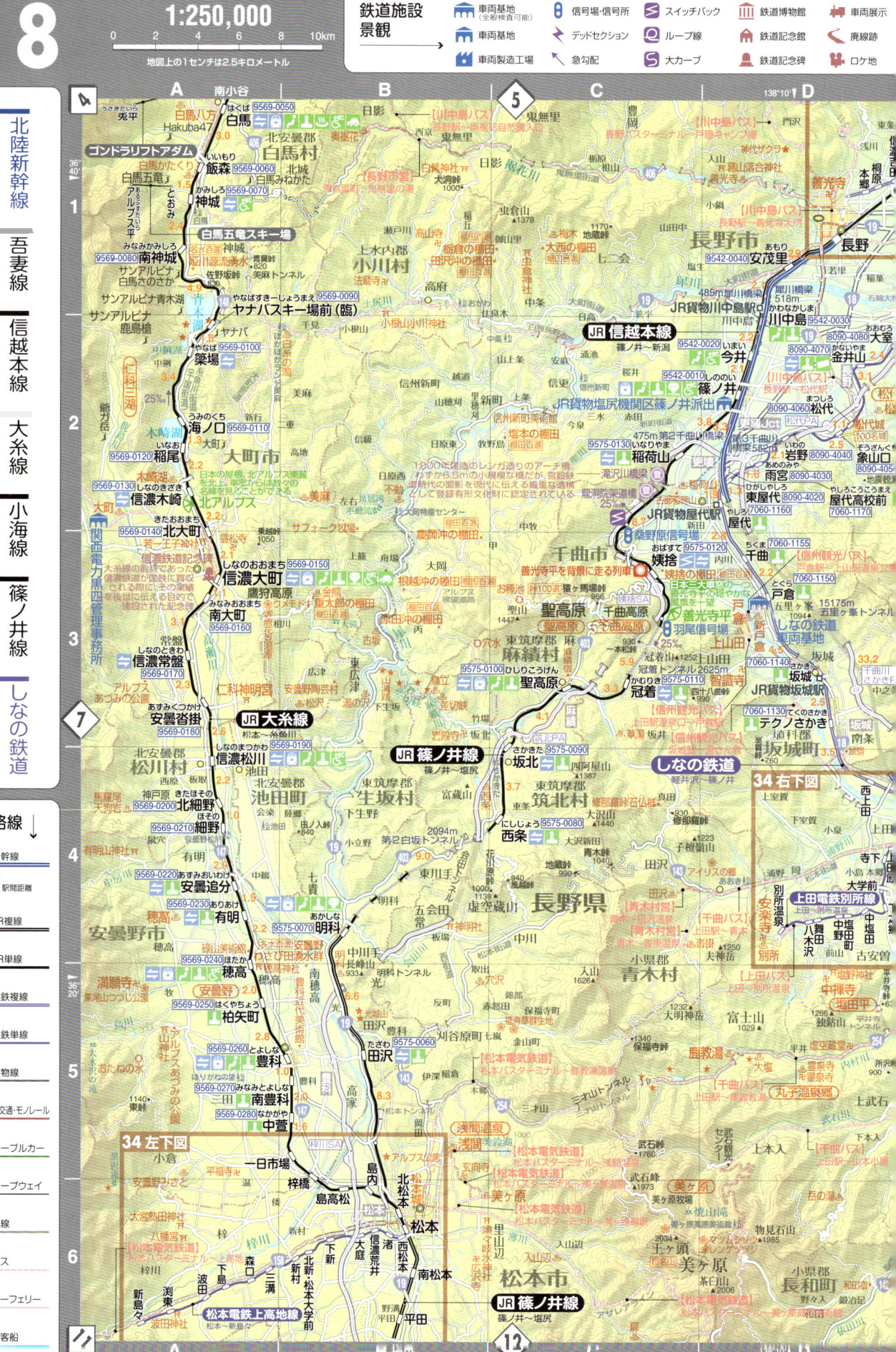

その他鉄道施設
撮影ポイント
絶景ポイント

駅・施設の付属情報

1234-5678 駅コード

ご利用案内 → 表紙裏ページ

特急停車駅 / 列車交換 / スイッチバック / ループ線 / 頭端式ホーム / 転車台 / 扇形車庫 / デッドセクション / みどりの窓口 / レンタカー / 駅弁 / 多目的トイレ / 入浴施設 / 立食そば / 駅スタンプ / 硬券入場券 / 発車音楽 / 駅ビル / 重要文化財 / 登録有形文化財 / 近代化産業遺産 / 鉄道記念物 / 中部の駅百選

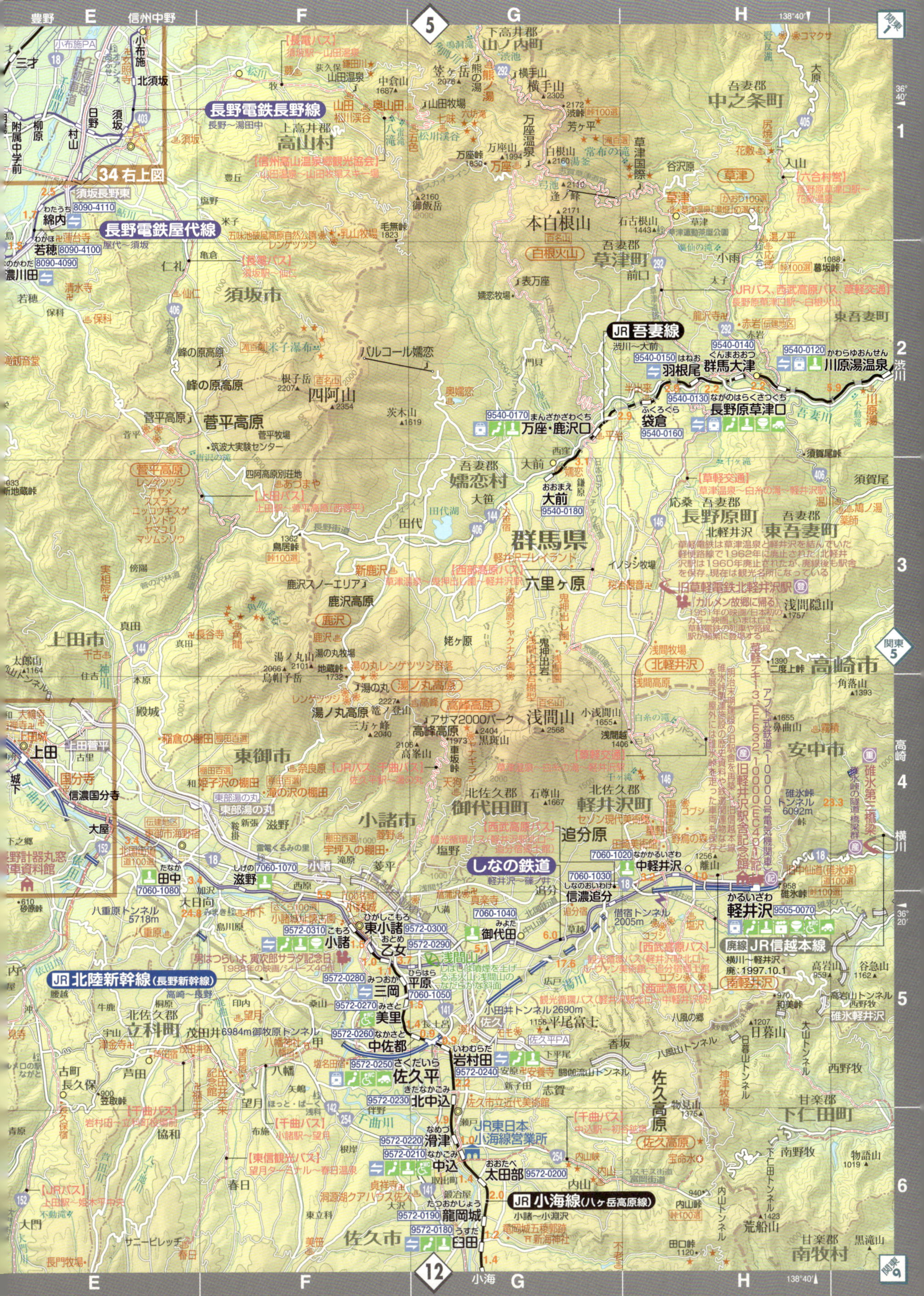

1:250,000
0 2 4 6 8 10km
地図上の1センチは2.5キロメートル

鉄道施設 景観 →
車両基地（全般検査可能） / 車両基地 / 車両製造工場 / 信号場・信号所 / デッドセクション / 急勾配 / スイッチバック / ループ線 / 大カーブ / 鉄道博物館 / 鉄道記念館 / 鉄道記念碑 / 車両展示 / 廃線跡 / ロケ地

北陸本線
えちぜん鉄道三国芦原線
福井鉄道福武線

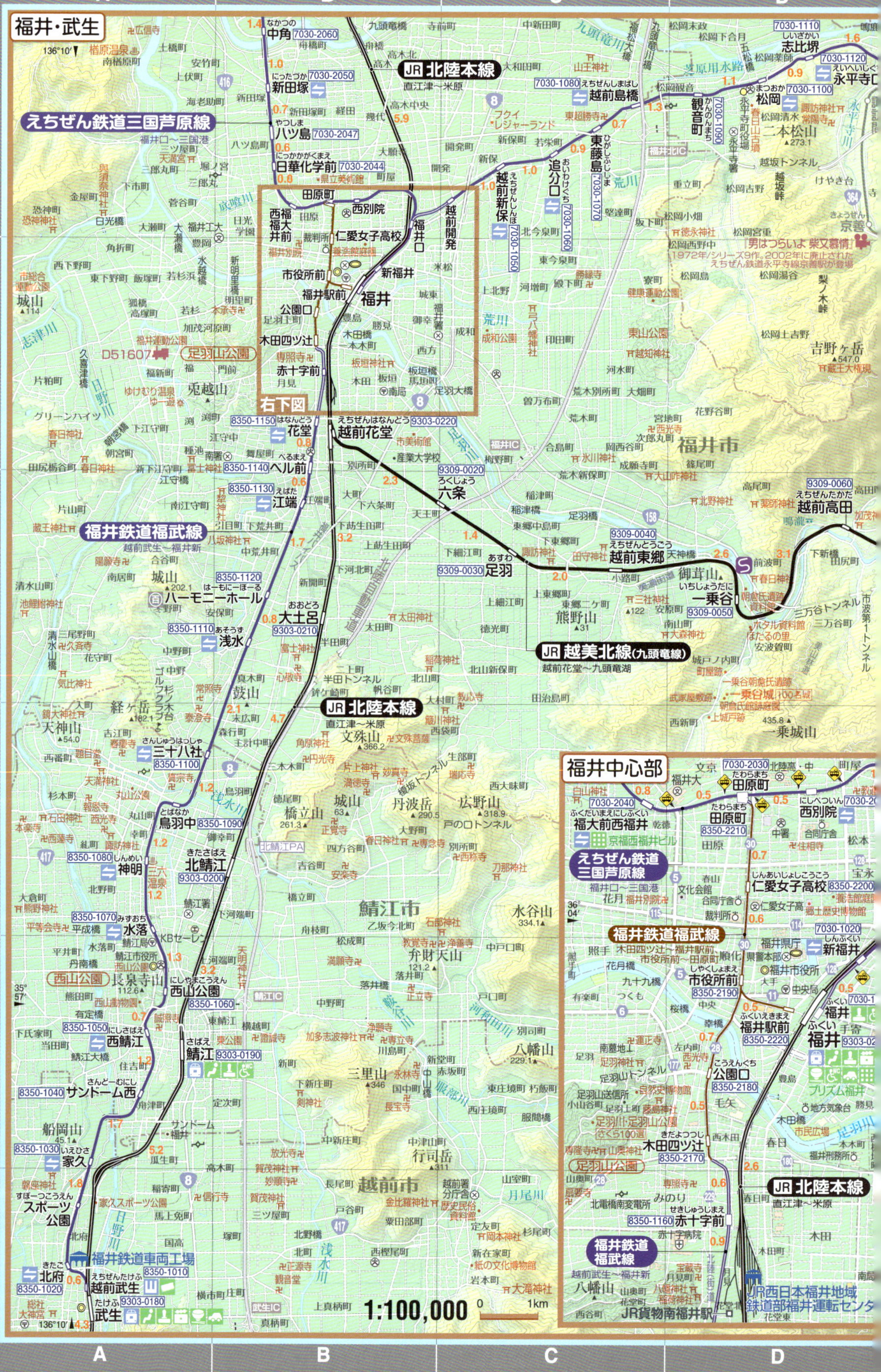

路線
新幹線
駅間距離
JR複線
JR単線
私鉄複線
私鉄単線
貨物線
新交通・モノレール
ケーブルカー
ロープウェイ
廃線
バス
カーフェリー
旅客船

その他鉄道施設
撮影ポイント
絶景ポイント

駅・施設の付属情報

1234-5678 駅コード
ご利用案内 ➩ 表紙裏ページ

特急停車駅 / 列車交換 / スイッチバック / ループ線 / 頭端式ホーム / 転車台 / 扇形車庫 / デッドセクション / みどりの窓口 / レンタカー / 駅弁 / 多目的トイレ / 入浴施設 / 立食そば / 駅スタンプ / 硬券入場券 / 発車音楽 / 駅ビル / 重要文化財 / 登録有形文化財 / 近代化産業遺産 / 鉄道記念物 / 中部の駅百選

1:250,000

0 2 4 6 8 10km

地図上の1センチは2.5キロメートル

鉄道施設景観

車両基地（全般検査可能） / 車両基地 / 車両製造工場 / 信号場・信号所 / デッドセクション / 急勾配 / スイッチバック / ループ線 / 大カーブ / 鉄道博物館 / 鉄道記念館 / 鉄道記念碑 / 車両展示 / 廃線跡 / ロケ地

北陸本線

越美北線

えちぜん鉄道勝山永平寺線

福井鉄道福武線

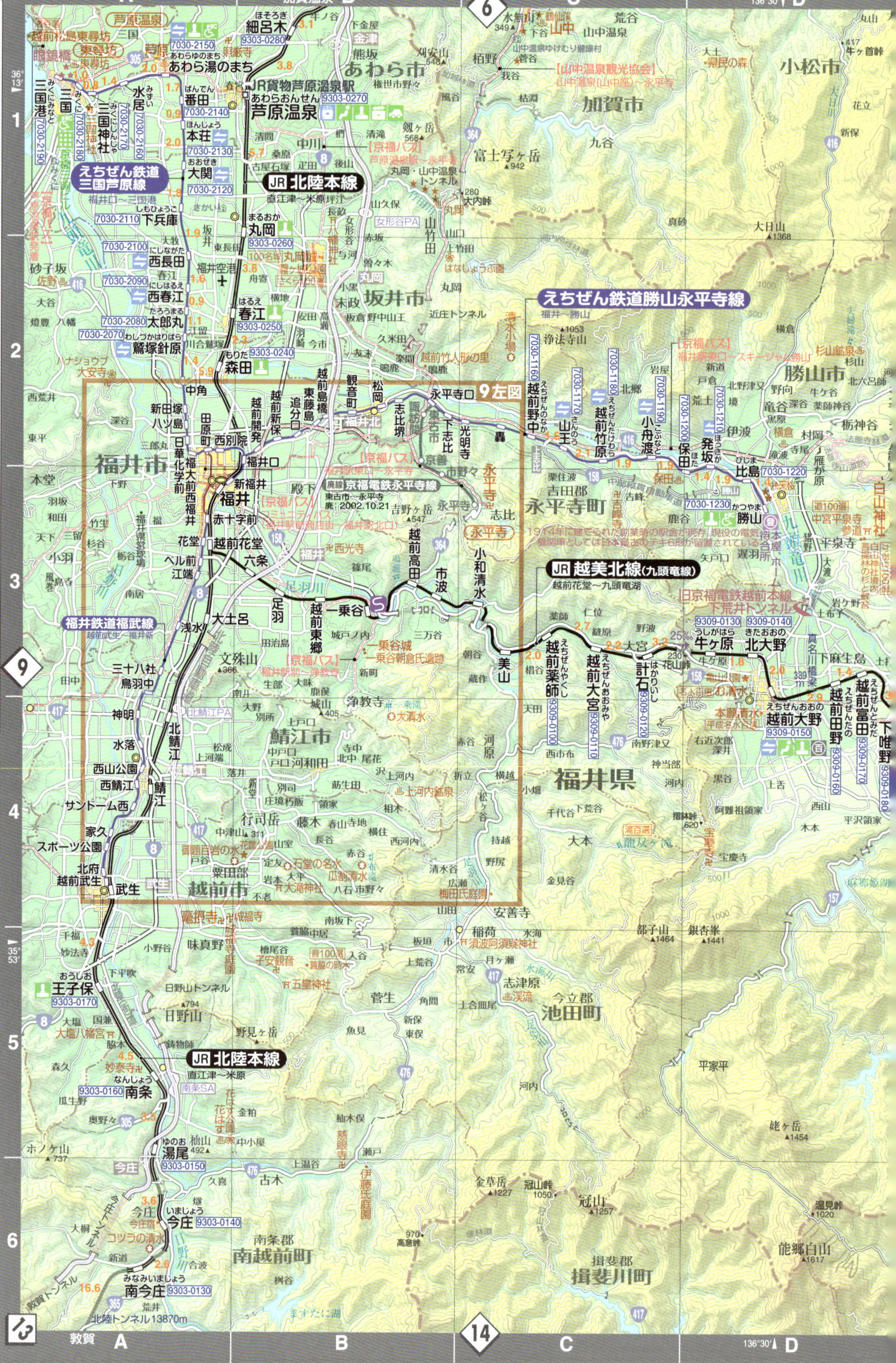

路線

新幹線

2.0km 駅間距離

JR複線

JR単線

私鉄複線

私鉄単線

貨物線

新交通・モノレール

ケーブルカー

ロープウェイ

廃線

バス

カーフェリー

旅客船

その他鉄道施設
撮影ポイント
絶景ポイント

駅・施設の付属情報

1234-5678 駅コード
ご利用案内 ➡ 表紙裏ページ

特急停車駅 / 列車交換 / スイッチバック / ループ線 / 頭端式ホーム / 転車台 / 扇形車庫 / デッドセクション / みどりの窓口 / レンタカー / 駅弁 / 多目的トイレ / 入浴施設 / 立食そば / 駅スタンプ / 硬券入場券 / 発車音楽 / 駅ビル / 重要文化財 / 登録有形文化財 / 近代化産業遺産 / 鉄道記念物 / 中部の駅百選

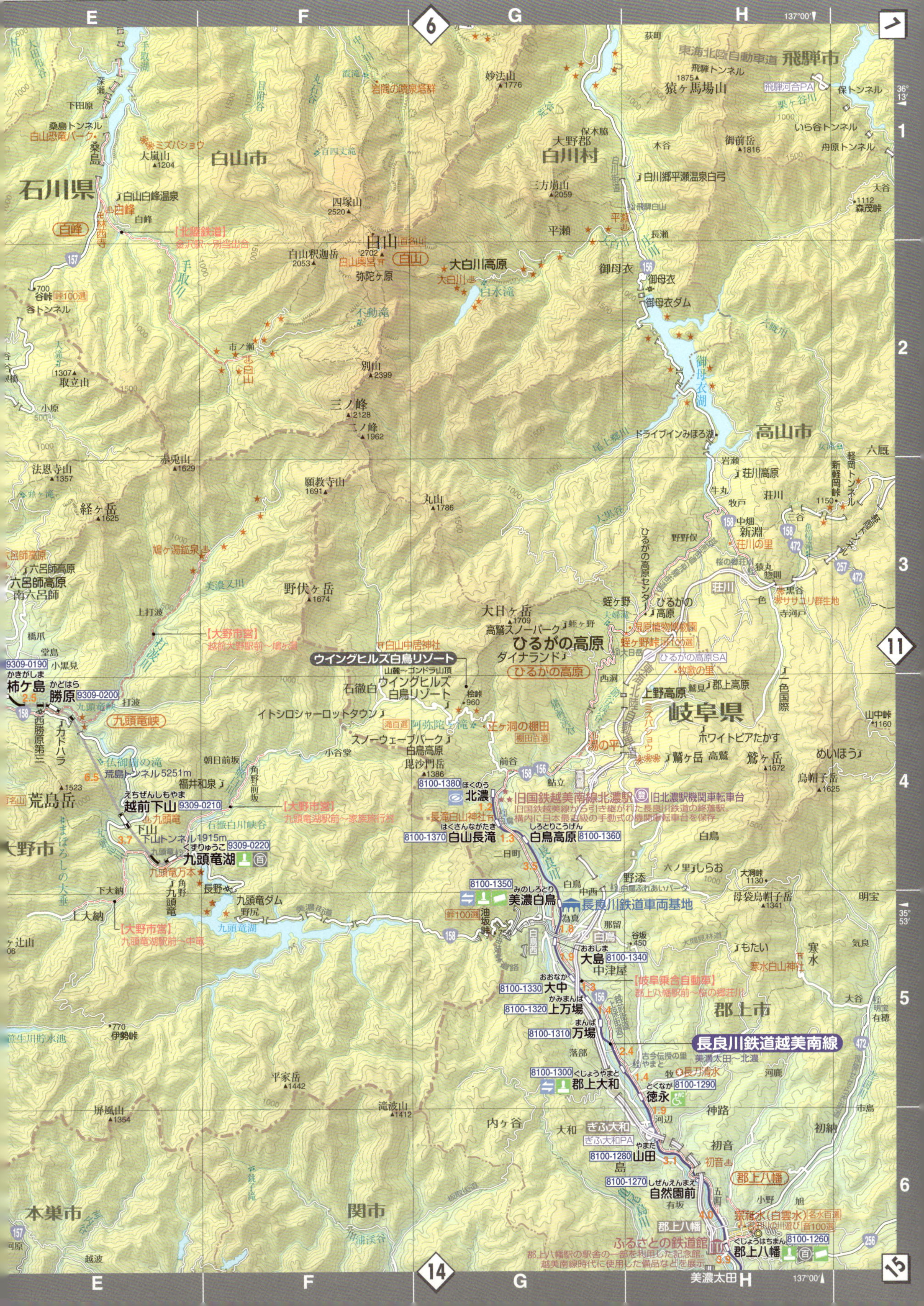

1:250,000

0 2 4 6 8 10km

地図上の1センチは2.5キロメートル

鉄道施設景観

車両基地（全般検査可能） 信号場・信号所 スイッチバック 鉄道博物館 車両展示
車両基地 デッドセクション ループ線 鉄道記念館 廃線跡
車両製造工場 急勾配 大カーブ 鉄道記念碑 ロケ地

中央本線
高山本線
松本電鉄上高地線

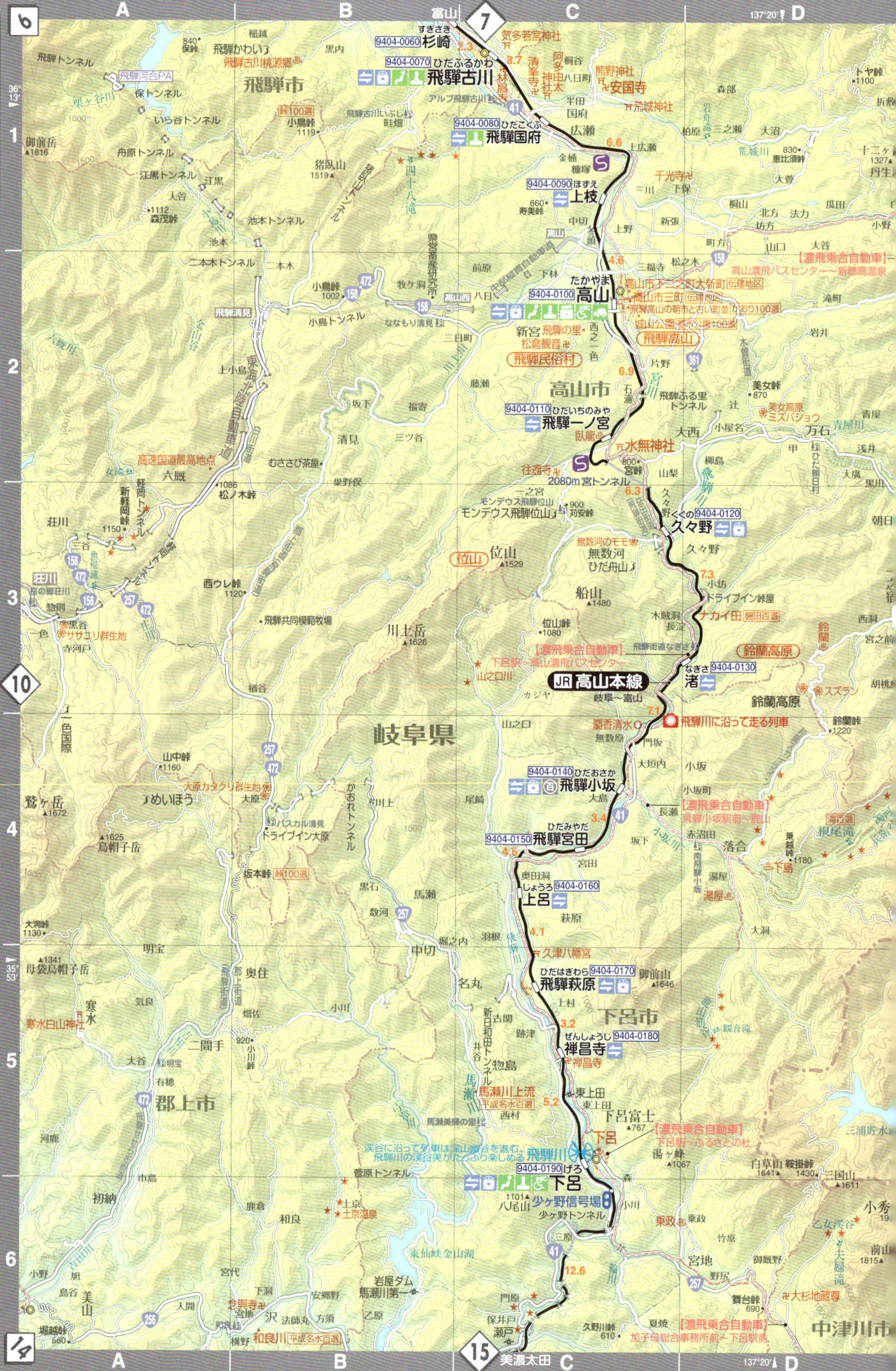

路線

新幹線
2.0km 駅間距離
JR複線
JR単線
私鉄複線
私鉄単線
貨物線
新交通・モノレール
ケーブルカー
ロープウェイ
廃線
バス
カーフェリー
旅客船

その他鉄道施設
撮影ポイント
絶景ポイント

駅・施設の付属情報

1234-5678 駅コード
ご利用案内 表紙裏ページ

特急停車駅 / 列車交換 / スイッチバック / ループ線 / 頭端式ホーム / 転車台 / 扇形車庫 / デッドセクション / みどりの窓口 / レンタカー / 駅弁 / 多目的トイレ / 入浴施設 / 立食そば / 駅スタンプ / 硬券入場券 / 発車音楽 / 駅ビル / 重要文化財 / 登録有形文化財 / 近代化産業遺産 / 鉄道記念物 / 中部の駅百選

1:250,000

0 2 4 6 8 10km

地図上の1センチは2.5キロメートル

鉄道施設景観

車両基地（全般検査可能） / 車両基地 / 車両製造工場 / 信号場・信号所 / デッドセクション / 急勾配 / スイッチバック / ループ線 / 大カーブ / 鉄道博物館 / 鉄道記念館 / 鉄道記念碑 / 車両展示 / 廃線跡 / ロケ地

中央本線

小海線

飯田線

篠ノ井線

松本電鉄上高地線

路線

新幹線

2.0km 駅間距離

JR複線

JR単線

私鉄複線

私鉄単線

貨物線

新交通・モノレール

ケーブルカー

ロープウェイ

廃線

バス

カーフェリー

旅客船

その他鉄道施設
撮影ポイント
絶景ポイント

駅・施設の付属情報

1234-5678 駅コード

ご利用案内 ➡ 表紙裏ページ

特急停車駅 / 列車交換 / スイッチバック / ループ線 / 頭端式ホーム / 転車台 / 扇形車庫 / デッドセクション / みどりの窓口 / レンタカー / 駅弁 / 多目的トイレ / 入浴施設 / 立食そば / 駅スタンプ / 硬券入場券 / 発車音楽 / 駅ビル / 重要文化財 / 登録有形文化財 / 近代化産業遺産 / 鉄道記念物 / 中部の駅百選

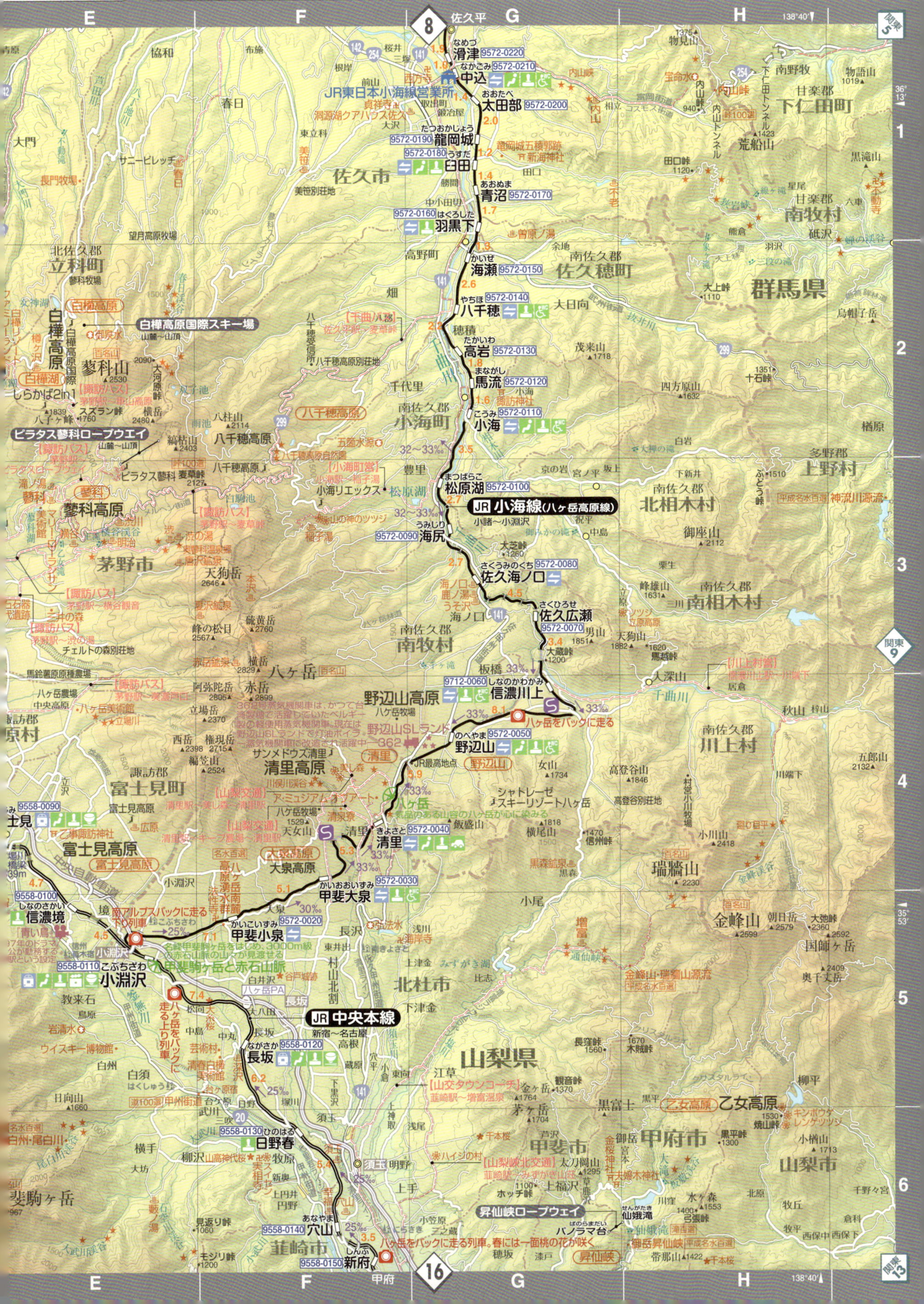

1:250,000

0 2 4 6 8 10km

地図上の1センチは2.5キロメートル

鉄道施設
景観

車両基地（全般検査可能） 信号場・信号所 スイッチバック 鉄道博物館 車両展示
車両基地 デッドセクション ループ線 鉄道記念館 廃線跡
車両製造工場 急勾配 大カーブ 鉄道記念碑 ロケ地

路線
新幹線
2.0km 駅間距離
JR複線
JR単線
私鉄複線
私鉄単線
貨物線
新交通・モノレール
ケーブルカー
ロープウェイ
廃線
バス
カーフェリー
旅客船

その他鉄道施設
撮影ポイント
絶景ポイント

駅・施設の付属情報

1234-5678 駅コード

ご利用案内 ⇒ 表紙裏ページ

特急停車駅 / 列車交換 / スイッチバック / ループ線 / 頭端式ホーム / 転車台 / 扇形車庫 / デッドセクション / みどりの窓口 / レンタカー / 駅弁 / 多目的トイレ / 入浴施設 / 立食そば / 駅スタンプ / 硬券入場券 / 発車音楽 / 駅ビル / 重要文化財 / 登録有形文化財 / 近代化産業遺産 / 鉄道記念物 / 中部の駅百選

1:250,000

0 2 4 6 8 10km

地図上の1センチは2.5キロメートル

鉄道施設景観

- 車両基地（全般検査可能）
- 車両基地
- 車両製造工場
- 信号場・信号所
- デッドセクション
- 急勾配
- スイッチバック
- ループ線
- 大カーブ
- 鉄道博物館
- 鉄道記念館
- 鉄道記念碑
- 車両展示
- 廃線跡
- ロケ地

東海道新幹線
東海道本線
北陸本線
湖西線
樽見鉄道
長良川鉄道

路線

- 新幹線
- 2.0km 駅間距離
- JR複線
- JR単線
- 私鉄複線
- 私鉄単線
- 貨物線
- 新交通・モノレール
- ケーブルカー
- ロープウェイ
- 廃線
- バス
- カーフェリー
- 旅客船

その他鉄道施設
撮影ポイント
絶景ポイント

駅・施設の付属情報

1234-5678 駅コード
ご利用案内 ➔ 表紙裏ページ

特急停車駅 / 列車交換 / スイッチバック / ループ線 / 頭端式ホーム / 転車台 / 扇形車庫 / デッドセクション / みどりの窓口 / レンタカー / 駅弁 / 多目的トイレ / 入浴施設 / 立食そば / 駅スタンプ / 硬券入場券 / 発車音楽 / 駅ビル / 重要文化財 / 登録有形文化財 / 近代化産業遺産 / 鉄道記念物 / 中部の駅百選

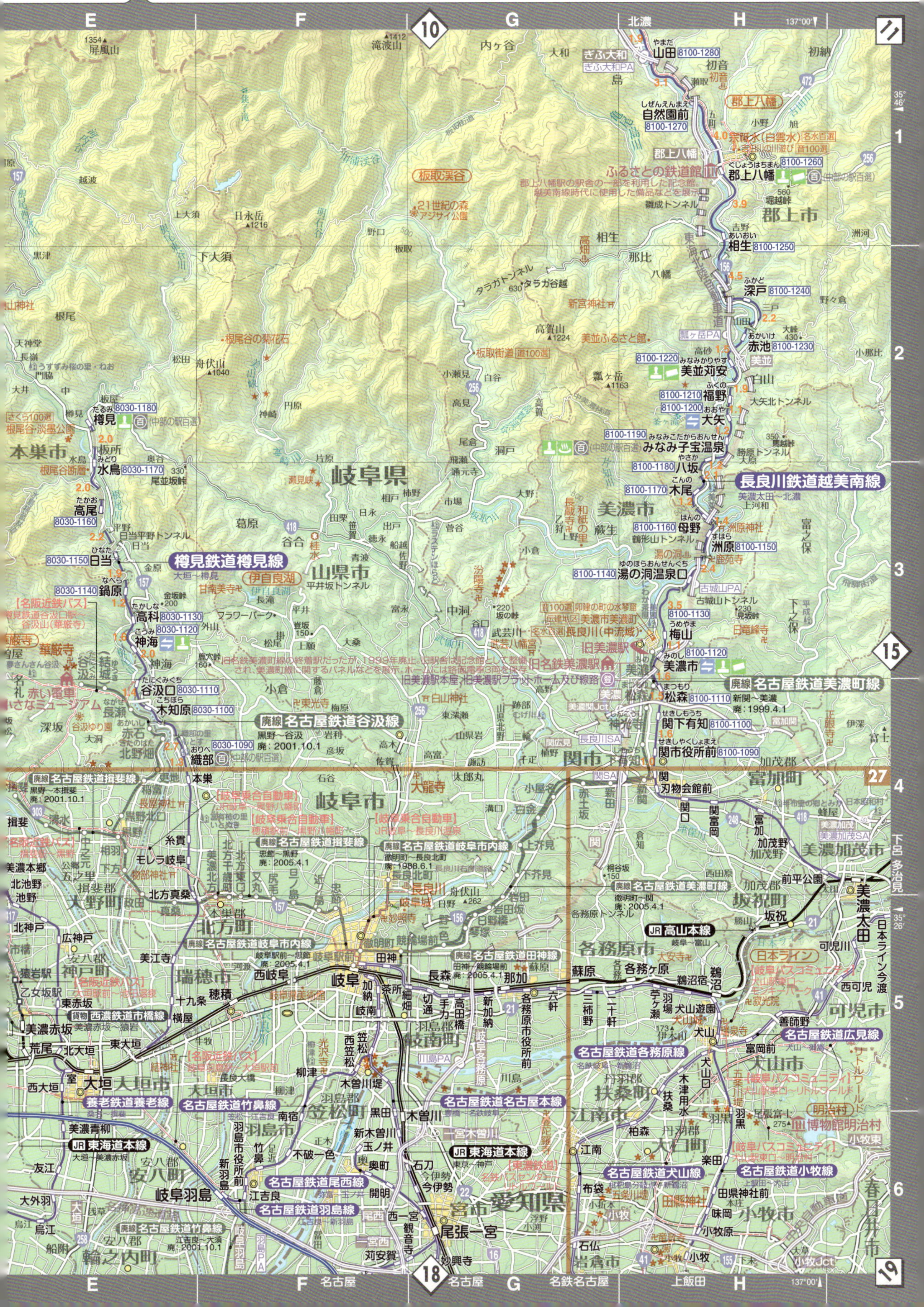

1:250,000

0 2 4 6 8 10km

地図上の1センチは2.5キロメートル

鉄道施設景観

車両基地(全般検査可能) / 車両基地 / 車両製造工場 / 信号場・信号所 / デッドセクション / 急勾配 / スイッチバック / ループ線 / 大カーブ / 鉄道博物館 / 鉄道記念館 / 鉄道記念碑 / 車両展示 / 廃線跡 / ロケ地

中央本線
高山本線
飯田線
太多線
明知鉄道
名古屋鉄道広見線

路線

新幹線 / 2.0km 駅間距離 / JR複線 / JR単線 / 私鉄複線 / 私鉄単線 / 貨物線 / 新交通・モノレール / ケーブルカー / ロープウェイ / 廃線 / バス / カーフェリー / 旅客船

その他鉄道施設
撮影ポイント
絶景ポイント

駅・施設の付属情報

1234-5678 駅コード
ご利用案内 ⇔ 表紙裏ページ

特急停車駅 / 列車交換 / スイッチバック / ループ線 / 頭端式ホーム / 転車台 / 扇形車庫 / デッドセクション / みどりの窓口 / レンタカー / 駅弁 / 多目的トイレ / 入浴施設 / 立食そば / 駅スタンプ / 硬券入場券 / 発車音楽 / 駅ビル / 重要文化財 / 登録有形文化財 / 近代化産業遺産 / 鉄道記念物 / 中部の駅百選

1:250,000

0 2 4 6 8 10km

地図上の1センチは2.5キロメートル

鉄道施設
景観

車両基地（全般検査可能）
車両基地
車両製造工場
信号場・信号所
デッドセクション
急勾配
スイッチバック
ループ線
大カーブ
鉄道博物館
鉄道記念館
鉄道記念碑
車両展示
廃線跡
ロケ地

中央本線
身延線
飯田線

路線

新幹線
2.0km 駅間距離
JR複線
JR単線
私鉄複線
私鉄単線
貨物線
新交通・モノレール
ケーブルカー
ロープウェイ
廃線
バス
カーフェリー
旅客船

その他鉄道施設
撮影ポイント
絶景ポイント

駅・施設の付属情報

1234-5678 駅コード
ご利用案内 ⇨ 表紙裏ページ

特急停車駅 / 列車交換 / スイッチバック / ループ線 / 頭端式ホーム / 転車台 / 扇形車庫 / デッドセクション / みどりの窓口 / レンタカー / 駅弁 / 多目的トイレ / 入浴施設 / 立食そば / 駅スタンプ / 硬券入場券 / 発車音楽 / 駅ビル / 重要文化財 / 登録有形文化財 / 近代化産業遺産 / 鉄道記念物 / 中部の駅百選

1:250,000

0 2 4 6 8 10km

地図上の1センチは2.5キロメートル

鉄道施設景観 →

車両基地(全般検査可能) / 車両基地 / 車両製造工場 / 信号場・信号所 / デッドセクション / 急勾配 / スイッチバック / ループ線 / 大カーブ / 鉄道博物館 / 鉄道記念館 / 鉄道記念碑 / 車両展示 / 廃線跡 / ロケ地

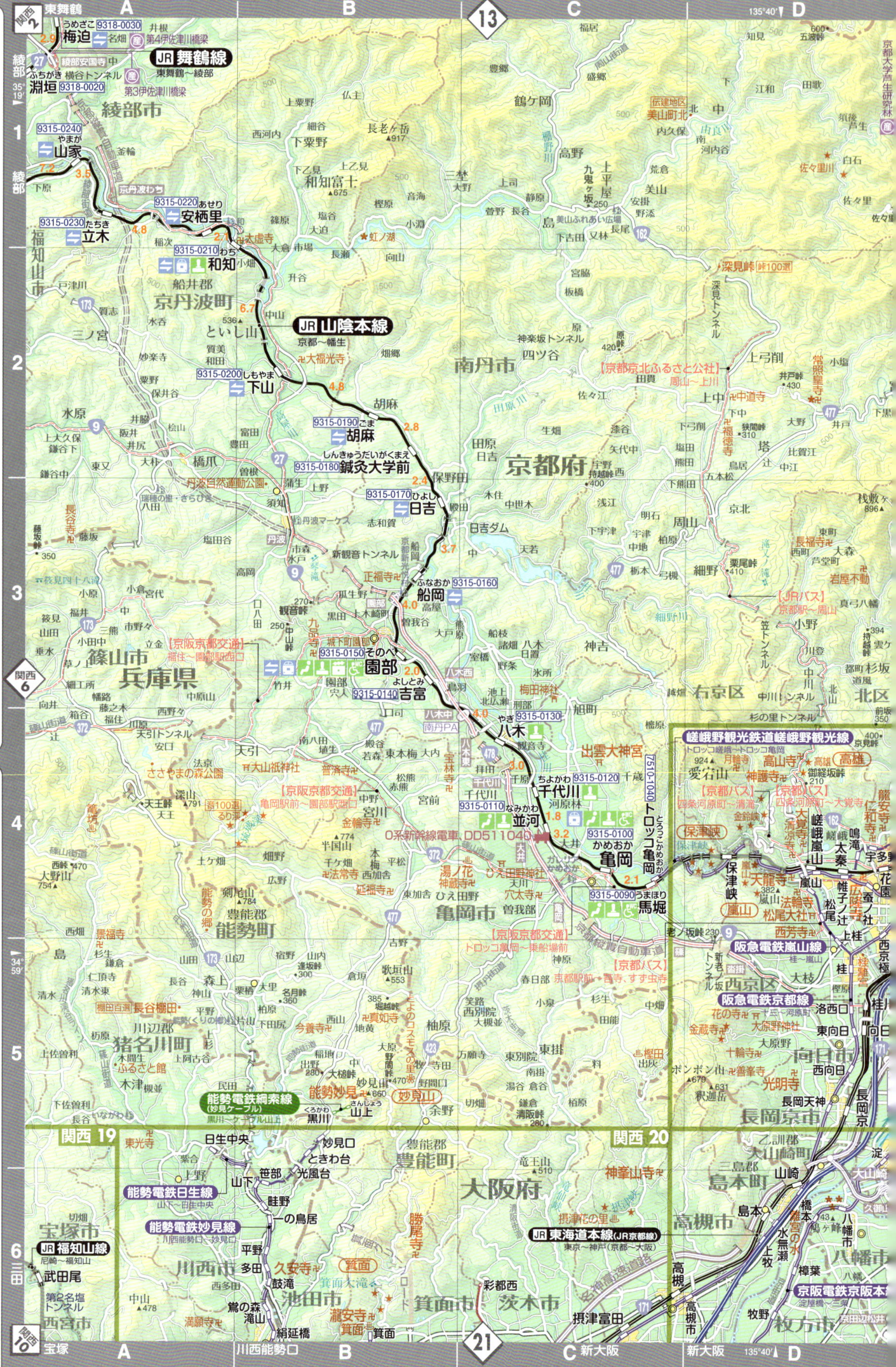

路線

新幹線 / 2.0km 駅間距離 / JR複線 / JR単線 / 私鉄複線 / 私鉄単線 / 貨物線 / 新交通・モノレール / ケーブルカー / ロープウェイ / 廃線 / バス / カーフェリー / 旅客船

その他鉄道施設
撮影ポイント
絶景ポイント

駅・施設の付属情報

1234-5678 駅コード

ご利用案内 ➡ 表紙裏ページ

特急停車駅 / 列車交換 / スイッチバック / ループ線 / 頭端式ホーム / 転車台 / 扇形車庫 / デッドセクション / みどりの窓口 / レンタカー / 駅弁 / 多目的トイレ / 入浴施設 / 立食そば / 駅スタンプ / 硬券入場券 / 発車音楽 / 駅ビル / 重要文化財 / 登録有形文化財 / 近代化産業遺産 / 鉄道記念物 / 中部の駅百選

1:250,000
0 2 4 6 8 10km
地図上の1センチは2.5キロメートル

鉄道施設景観

車両基地（全般検査可能）
車両基地
車両製造工場
信号場・信号所
デッドセクション
急勾配
スイッチバック
ループ線
大カーブ
鉄道博物館
鉄道記念館
鉄道記念碑
車両展示
廃線跡
ロケ地

東海道新幹線
東海道本線
中央本線
武豊線
草津線
関西本線

路線

新幹線
2.0km 駅間距離
JR複線
JR単線
私鉄複線
私鉄単線
貨物線
新交通・モノレール
ケーブルカー
ロープウェイ
廃線
バス
カーフェリー
旅客船

その他鉄道施設
撮影ポイント
絶景ポイント

駅・施設の付属情報

1234-5678 駅コード

ご利用案内 ➡ 表紙裏ページ

特急停車駅 / 列車交換 / スイッチバック / ループ線 / 頭端式ホーム / 転車台 / 扇形車庫 / デッドセクション / みどりの窓口 / レンタカー / 駅弁 / 多目的トイレ / 入浴施設 / 立食そば / 駅スタンプ / 硬券入場券 / 発車音楽 / 駅ビル / 重要文化財 / 登録有形文化財 / 近代化産業遺産 / 鉄道記念物 / 中部の駅百選

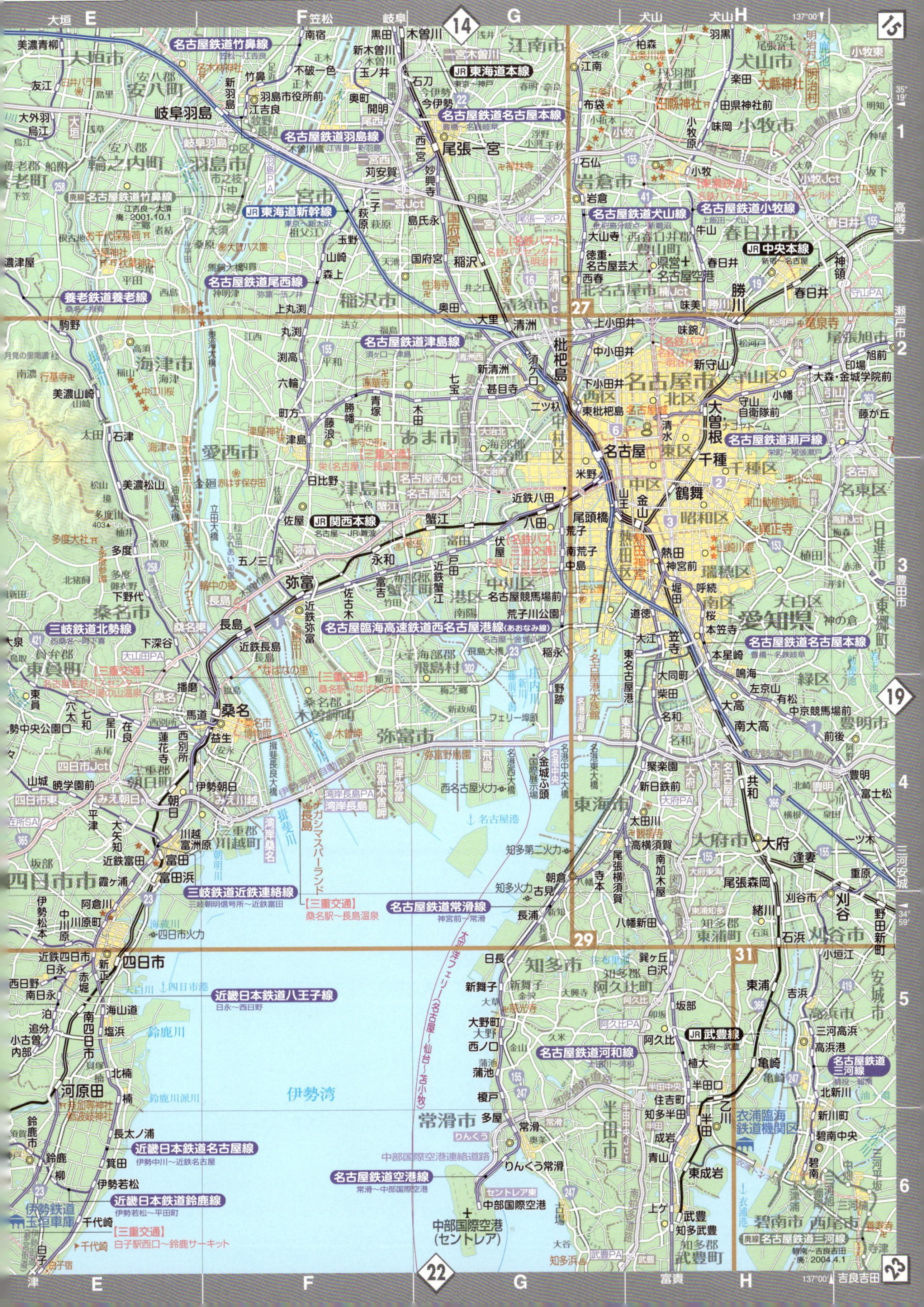

1:250,000

0 2 4 6 8 10km

地図上の1センチは2.5キロメートル

鉄道施設景観

- 車両基地（全般検査可能）
- 車両基地
- 車両製造工場
- 信号場・信号所
- デッドセクション
- 急勾配
- スイッチバック
- ループ線
- 大カーブ
- 鉄道博物館
- 鉄道記念館
- 鉄道記念碑
- 車両展示
- 廃線跡
- ロケ地

東海道新幹線

東海道本線

飯田線

武豊線

名古屋鉄道名古屋本線

路線

- 新幹線
- 2.0km 駅間距離
- JR複線
- JR単線
- 私鉄複線
- 私鉄単線
- 貨物線
- 新交通・モノレール
- ケーブルカー
- ロープウェイ
- 廃線
- バス
- カーフェリー
- 旅客船

その他鉄道施設
撮影ポイント
絶景ポイント

駅・施設の付属情報

1234-5678 駅コード
ご利用案内 表紙裏ページ

特急停車駅 / 列車交換 / スイッチバック / ループ線 / 頭端式ホーム / 転車台 / 扇形車庫 / デッドセクション / みどりの窓口 / レンタカー / 駅弁 / 多目的トイレ / 入浴施設 / 立食そば / 駅スタンプ / 硬券入場券 / 発車音楽 / 駅ビル / 重要文化財 / 登録有形文化財 / 近代化産業遺産 / 鉄道記念物 / 中部の駅百選

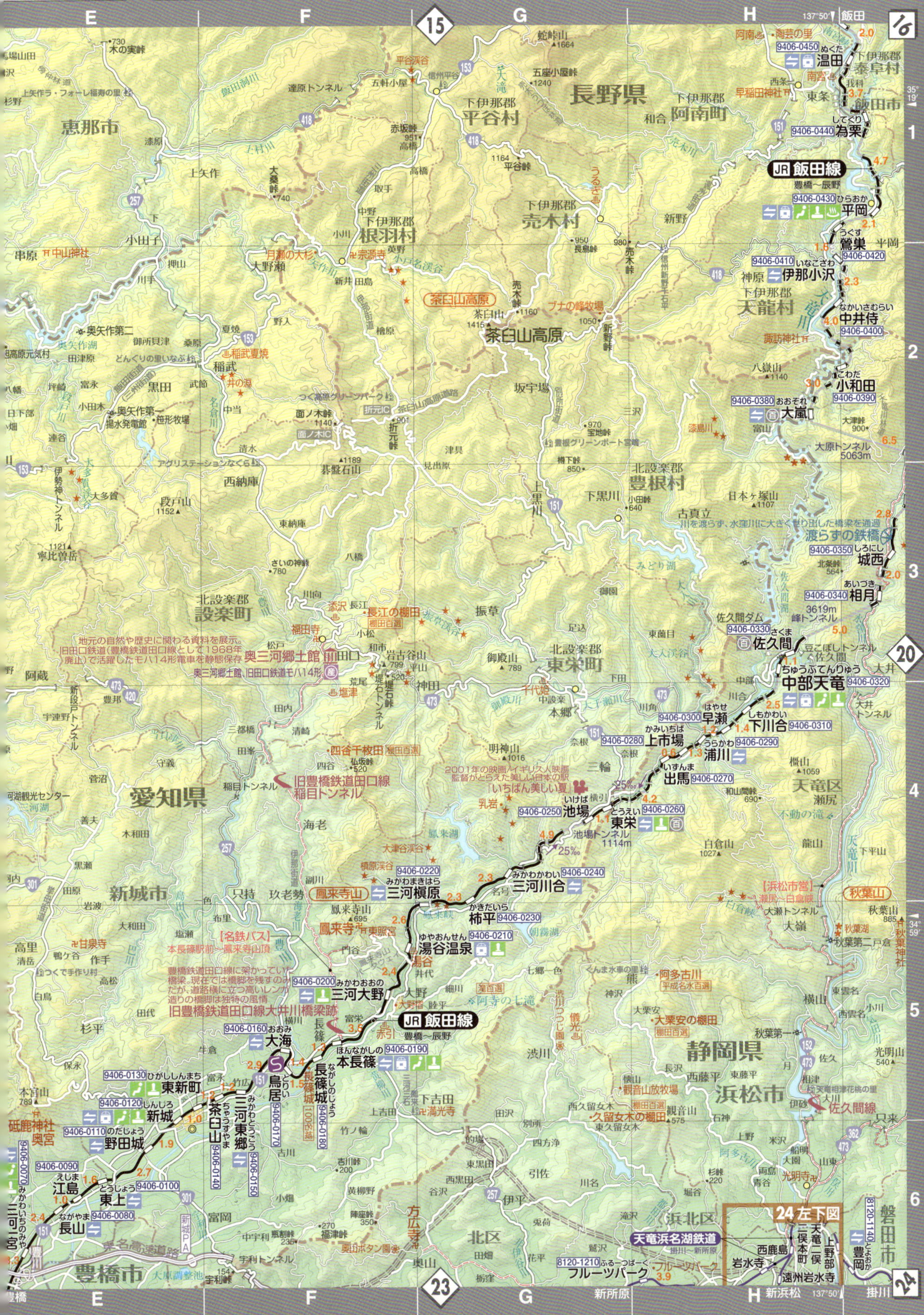

E F G H
1 2 3 4 5 6

1:250,000

0 2 4 6 8 10km

地図上の1センチは2.5キロメートル

鉄道施設景観

- 車両基地（全般検査可能）
- 車両基地
- 車両製造工場
- 信号場・信号所
- デッドセクション
- 急勾配
- スイッチバック
- ループ線
- 大カーブ
- 鉄道博物館
- 鉄道記念館
- 鉄道記念碑
- 車両展示
- 廃線跡
- ロケ地

東海道新幹線

東海道本線

身延線

飯田線

大井川鐵道大井川本線

路線

- 新幹線
- 2.0km 駅間距離
- JR複線
- JR単線
- 私鉄複線
- 私鉄単線
- 貨物線
- 新交通・モノレール
- ケーブルカー
- ロープウェイ
- 廃線
- バス
- カーフェリー
- 旅客船

その他鉄道施設
撮影ポイント
絶景ポイント

駅・施設の付属情報
1234-5678 駅コード
ご利用案内 → 表紙裏ページ

特急停車駅 / 列車交換 / スイッチバック / ループ線 / 頭端式ホーム / 転車台 / 扇形車庫 / デッドセクション / みどりの窓口 / レンタカー / 駅弁 / 多目的トイレ / 入浴施設 / 立食そば / 駅スタンプ / 硬券入場券 / 発車音楽 / 駅ビル / 重要文化財 / 登録有形文化財 / 近代化産業遺産 / 鉄道記念物 / 中部の駅百選

1:250,000

0 2 4 6 8 10km

地図上の1センチは2.5キロメートル

鉄道施設景観

車両基地（全般検査可能） 信号場・信号所 スイッチバック 鉄道博物館 車両展示
車両基地 デッドセクション ループ線 鉄道記念館 廃線跡
車両製造工場 急勾配 大カーブ 鉄道記念碑 ロケ地

東海道新幹線
東海道本線
奈良線
関西本線
阪和線
桜井線

路線

新幹線
2.0km 駅間距離
JR複線
JR単線
私鉄複線
私鉄単線
貨物線
新交通・モノレール
ケーブルカー
ロープウェイ
廃線
バス
カーフェリー
旅客船

その他鉄道施設
撮影ポイント
絶景ポイント

駅・施設の付属情報

1234-5678 駅コード
ご利用案内 ➡ 表紙裏ページ

特急停車駅 列車交換 スイッチバック ループ線 頭端式ホーム 転車台 扇形車庫 デッドセクション みどりの窓口 レンタカー 駅弁 多目的トイレ 入浴施設 立食そば 駅スタンプ 硬券入場券 発車音楽 駅ビル 重要文化財 登録有形文化財 近代化産業遺産 鉄道記念物 中部の駅百選

1:250,000

0 2 4 6 8 10km

地図上の1センチは2.5キロメートル

鉄道施設景観

車両基地（全般検査可能）
信号場・信号所
スイッチバック
鉄道博物館
車両展示
車両基地
デッドセクション
ループ線
鉄道記念館
廃線跡
車両製造工場
急勾配
大カーブ
鉄道記念碑
ロケ地

武豊線
紀勢本線
草津線
参宮線
名松線
関西本線

路線

新幹線
2.0km 駅間距離
JR複線
JR単線
私鉄複線
私鉄単線
貨物線
新交通・モノレール
ケーブルカー
ロープウェイ
廃線
バス
カーフェリー
旅客船

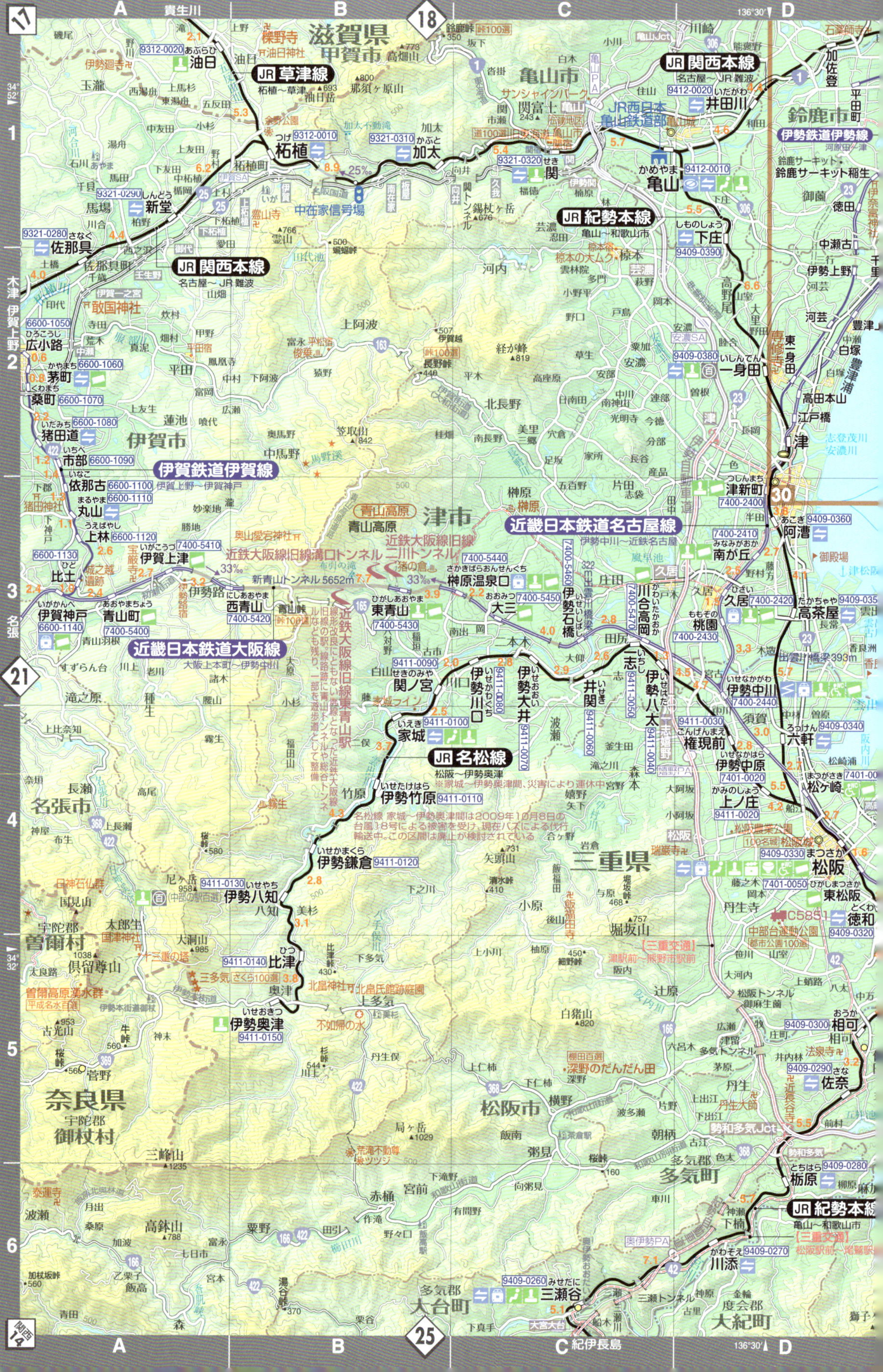

その他鉄道施設
撮影ポイント
絶景ポイント

駅・施設の付属情報

1234-5678 駅コード
ご利用案内 ⇔ 表紙裏ページ

特急停車駅 / 列車交換 / スイッチバック / ループ線 / 頭端式ホーム / 転車台 / 扇形車庫 / デッドセクション / みどりの窓口 / レンタカー / 駅弁 / 多目的トイレ / 入浴施設 / 立食そば / 駅スタンプ / 硬券入場券 / 発車音楽 / 駅ビル / 重要文化財 / 登録有形文化財 / 近代化産業遺産 / 鉄道記念物 / 中部の駅百選

1:250,000

0 2 4 6 8 10km

地図上の1センチは2.5キロメートル

鉄道施設
景観

車両基地（全般検査可能）
車両基地
車両製造工場
信号場・信号所
デッドセクション
急勾配
スイッチバック
ループ線
大カーブ
鉄道博物館
鉄道記念館
鉄道記念碑
車両展示
廃線跡
ロケ地

東海道新幹線
東海道本線
飯田線
天竜浜名湖鉄道
豊橋鉄道渥美線

路線

新幹線
2.0km 駅間距離
JR複線
JR単線
私鉄複線
私鉄単線
貨物線
新交通・モノレール
ケーブルカー
ロープウェイ
廃線
バス
カーフェリー
旅客船

その他鉄道施設
撮影ポイント
絶景ポイント

駅・施設の付属情報

1234-5678 駅コード

ご利用案内 ➡ 表紙裏ページ

特急停車駅 / 列車交換 / スイッチバック / ループ線 / 頭端式ホーム / 転車台 / 扇形車庫 / デッドセクション / みどりの窓口 / レンタカー / 駅弁 / 多目的トイレ / 入浴施設 / 立食そば / 駅スタンプ / 硬券入場券 / 発車音楽 / 駅ビル / 重要文化財 / 登録有形文化財 / 近代化産業遺産 / 鉄道記念物 / 中部の駅百選

1:250,000

0 2 4 6 8 10km

地図上の1センチは2.5キロメートル

鉄道施設
景観

- 車両基地（全般検査可能）
- 車両基地
- 車両製造工場
- 信号場・信号所
- デッドセクション
- 急勾配
- スイッチバック
- ループ線
- 大カーブ
- 鉄道博物館
- 鉄道記念館
- 鉄道記念碑
- 車両展示
- 廃線跡
- ロケ地

東海道新幹線

東海道本線

大井川鐵道大井川本線

天竜浜名湖鉄道

路線

- 新幹線
- 2.0km 駅間距離
- JR複線
- JR単線
- 私鉄複線
- 私鉄単線
- 貨物線
- 新交通・モノレール
- ケーブルカー
- ロープウェイ
- 廃線
- バス
- カーフェリー
- 旅客船

その他鉄道施設
撮影ポイント
絶景ポイント

駅・施設の付属情報

1234-5678 駅コード
ご利用案内 表紙裏ページ

特急停車駅 / 列車交換 / スイッチバック / ループ線 / 頭端式ホーム / 転車台 / 扇形車庫 / デッドセクション / みどりの窓口 / レンタカー / 駅弁 / 多目的トイレ / 入浴施設 / 立食そば / 駅スタンプ / 硬券入場券 / 発車音楽 / 駅ビル / 重要文化財 / 登録有形文化財 / 近代化産業遺産 / 鉄道記念物 / 中部の駅百選

1:250,000

0 2 4 6 8 10km

地図上の1センチは2.5キロメートル

鉄道施設
景観

車両基地（全般検査可能）
車両基地
車両製造工場
信号場・信号所
デッドセクション
急勾配
スイッチバック
ループ線
大カーブ
鉄道博物館
鉄道記念館
鉄道記念碑
車両展示
廃線跡
ロケ地

その他鉄道施設
撮影ポイント
絶景ポイント

駅・施設の付属情報

1234-5678 駅コード
ご利用案内 ➡ 表紙裏ページ

特急停車駅 / 列車交換 / スイッチバック / ループ線 / 頭端式ホーム / 転車台 / 扇形車庫 / デッドセクション / みどりの窓口 / レンタカー / 駅弁 / 多目的トイレ / 入浴施設 / 立食そば / 駅スタンプ / 硬券入場券 / 発車音楽 / 駅ビル / 重要文化財 / 登録有形文化財 / 近代化産業遺産 / 鉄道記念物 / 中部の駅百選

1:130,000

0 1 2 3 4 5km

地図上の1センチは1.3キロメートル

鉄道施設
景観 →

- 車両基地（全般検査可能）
- 車両基地
- 車両製造工場
- 信号場・信号所
- デッドセクション
- 急勾配
- スイッチバック
- ループ線
- 大カーブ
- 鉄道博物館
- 鉄道記念館
- 鉄道記念碑
- 車両展示
- 廃線跡
- ロケ地

東海道新幹線
東海道本線
高山本線
樽見鉄道
名古屋鉄道
養老鉄道

路線 ↓

- 新幹線
- 2.0km 駅間距離
- JR複線
- JR単線
- 私鉄複線
- 私鉄単線
- 貨物線
- 新交通・モノレール
- 路面電車
- ケーブルカー
- ロープウェイ
- 廃線
- カーフェリー
- 旅客船

その他鉄道施設
撮影ポイント
絶景ポイント

駅・施設の付属情報

1234-5678 駅コード

ご利用案内 ⇔ 表紙裏ページ

特急停車駅 / 列車交換 / スイッチバック / ループ線 / 頭端式ホーム / 転車台 / 扇形車庫 / デッドセクション / みどりの窓口 / レンタカー / 駅弁 / 多目的トイレ / 入浴施設 / 立食そば / 駅スタンプ / 硬券入場券 / 発車音楽 / 駅ビル / 重要文化財 / 登録有形文化財 / 近代化産業遺産 / 鉄道記念物 / 中部の駅百選

1:130,000
0 1 2 3 4 5km
地図上の1センチは1.3キロメートル

鉄道施設景観
車両基地（全般検査可能） 車両基地 車両製造工場 信号場・信号所 デッドセクション 急勾配 スイッチバック ループ線 大カーブ 鉄道博物館 鉄道記念館 鉄道記念碑 車両展示 廃線跡 ロケ地

中央本線
高山本線
太多線
長良川鉄道
名古屋鉄道
愛知環状鉄道

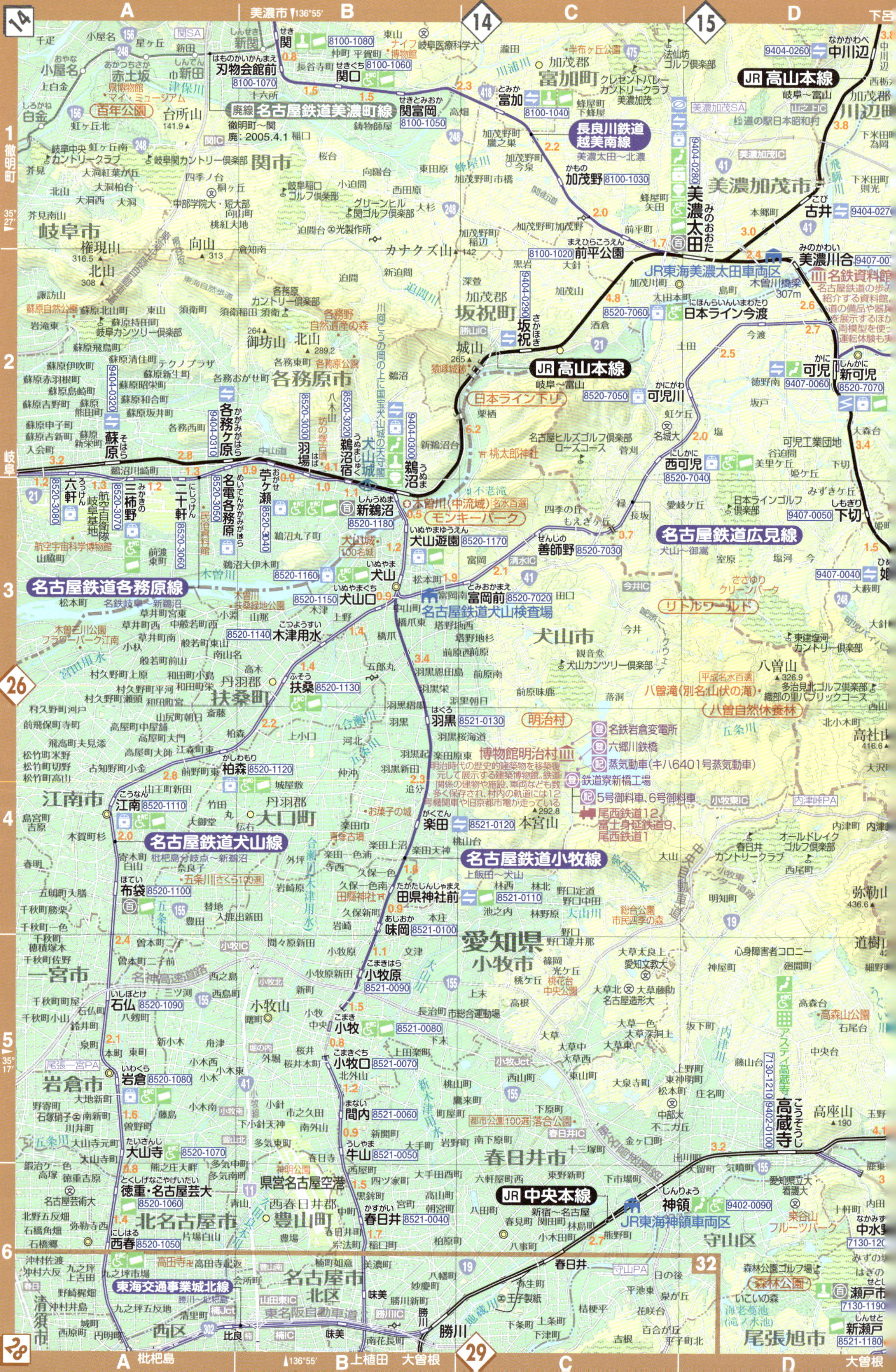

路線
新幹線
2.0km 駅間距離
JR複線
JR単線
私鉄複線
私鉄単線
貨物線
新交通・モノレール
路面電車
ケーブルカー
ロープウェイ
廃線
カーフェリー
旅客船

★ その他鉄道施設
撮影ポイント
絶景ポイント

駅・施設の付属情報

1234-5678 駅コード

ご利用案内 ➡ 表紙裏ページ

特急停車駅 列車交換 スイッチバック ループ線 頭端式ホーム 転車台 扇形車庫 デッドセクション みどりの窓口 レンタカー 駅弁 多目的トイレ 入浴施設 立食そば 駅スタンプ 硬券入場券 発車音楽 駅ビル 重要文化財 登録有形文化財 近代化産業遺産 鉄道記念物 中部の駅百選

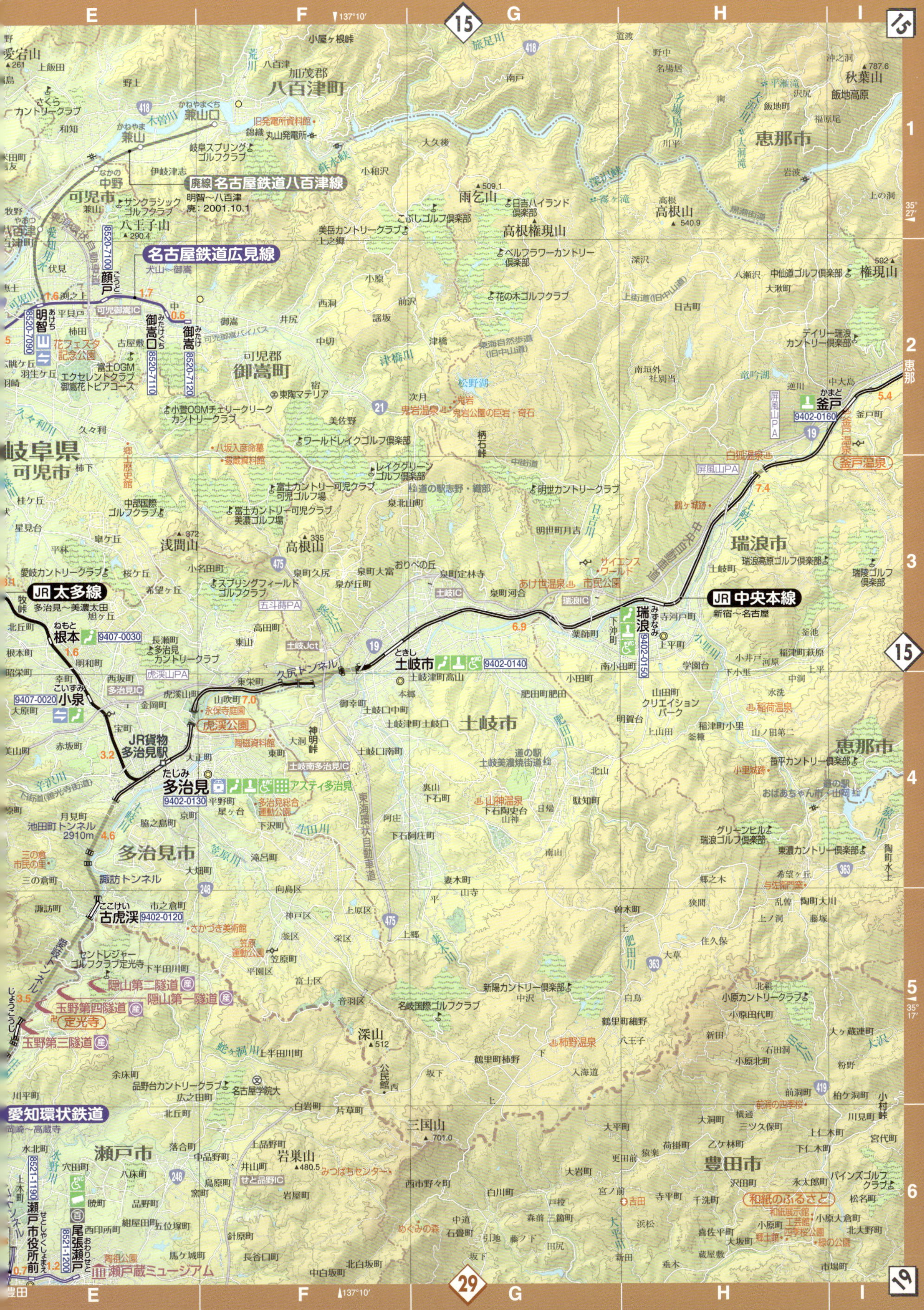

1:130,000

0 1 2 3 4 5km

地図上の1センチは1.3キロメートル

鉄道施設景観

車両基地（全般検査可能） / 車両基地 / 車両製造工場 / 信号場・信号所 / デッドセクション / 急勾配 / スイッチバック / ループ線 / 大カーブ / 鉄道博物館 / 鉄道記念館 / 鉄道記念碑 / 車両展示 / 廃線跡 / ロケ地

関西本線

名古屋鉄道

近畿日本鉄道

三岐鉄道

養老鉄道

路線

新幹線 / 2.0km 駅間距離 / JR複線 / JR単線 / 私鉄複線 / 私鉄単線 / 貨物線 / 新交通・モノレール / 路面電車 / ケーブルカー / ロープウェイ / 廃線 / カーフェリー / 旅客船

その他鉄道施設
撮影ポイント
絶景ポイント

駅・施設の付属情報

1234-5678 駅コード
ご利用案内 ➡ 表紙裏ページ

特急停車駅 / 列車交換 / スイッチバック / ループ線 / 頭端式ホーム / 転車台 / 扇形車庫 / デッドセクション / みどりの窓口 / レンタカー / 駅弁 / 多目的トイレ / 入浴施設 / 立食そば / 駅スタンプ / 硬券入場券 / 発車音楽 / 駅ビル / 重要文化財 / 登録有形文化財 / 近代化産業遺産 / 鉄道記念物 / 中部の駅百選

1:130,000

0 1 2 3 4 5km

地図上の1センチは1.3キロメートル

鉄道施設景観

車両基地(全般検査可能) 信号場・信号所 スイッチバック 鉄道博物館 車両展示

車両基地 デッドセクション ループ線 鉄道記念館 廃線跡

車両製造工場 急勾配 大カーブ 鉄道記念碑 ロケ地

東海道新幹線

東海道本線

中央本線

武豊線

名古屋鉄道

愛知環状鉄道

路線

新幹線

2.0km 駅間距離

JR複線

JR単線

私鉄複線

私鉄単線

貨物線

新交通・モノレール

路面電車

ケーブルカー

ロープウェイ

廃線

カーフェリー

旅客船

その他鉄道施設
撮影ポイント
絶景ポイント

駅・施設の付属情報

1234-5678 駅コード
ご利用案内 → 表紙裏ページ

特急停車駅 / 列車交換 / スイッチバック / ループ線 / 頭端式ホーム / 転車台 / 扇形車庫 / デッドセクション / みどりの窓口 / レンタカー / 駅弁 / 多目的トイレ / 入浴施設 / 立食そば / 駅スタンプ / 硬券入場券 / 発車音楽 / 駅ビル / 重要文化財 / 登録有形文化財 / 近代化産業遺産 / 鉄道記念物 / 中部の駅百選

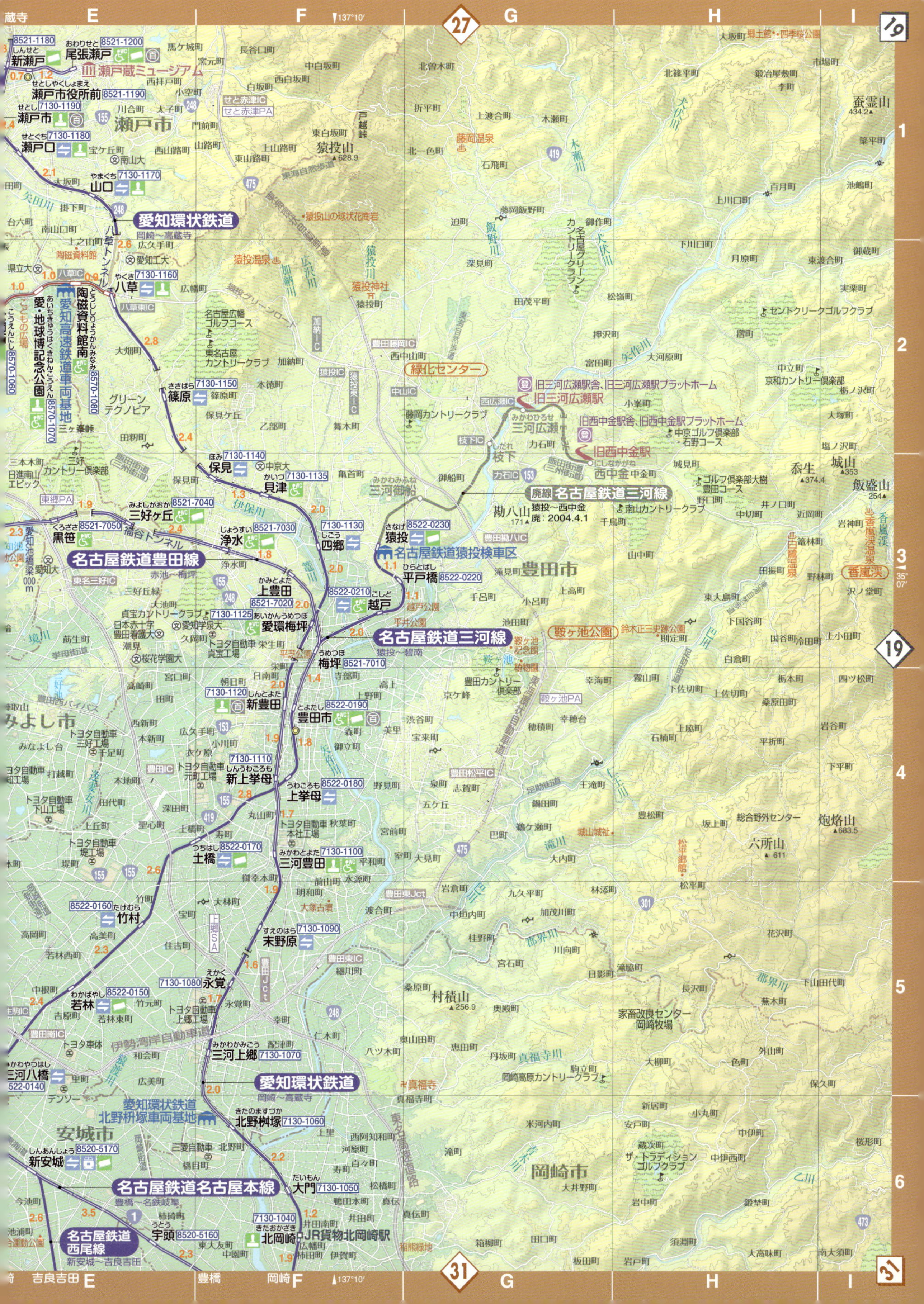

1:130,000

0 1 2 3 4 5km

地図上の1センチは1.3キロメートル

鉄道施設
景観

- 車両基地(全般検査可能)
- 車両基地
- 車両製造工場
- 信号場・信号所
- デッドセクション
- 急勾配
- スイッチバック
- ループ線
- 大カーブ
- 鉄道博物館
- 鉄道記念館
- 鉄道記念碑
- 車両展示
- 廃線跡
- ロケ地

路線

- 新幹線
- 2.0km 駅間距離
- JR複線
- JR単線
- 私鉄複線
- 私鉄単線
- 貨物線
- 新交通・モノレール
- 路面電車
- ケーブルカー
- ロープウェイ
- 廃線
- カーフェリー
- 旅客船

その他鉄道施設
撮影ポイント
絶景ポイント

駅・施設の付属情報

1234-5678 駅コード
ご利用案内 ➡ 表紙裏ページ

特急停車駅 / 列車交換 / スイッチバック / ループ線 / 頭端式ホーム / 転車台 / 扇形車庫 / デッドセクション / みどりの窓口 / レンタカー / 駅弁 / 多目的トイレ / 入浴施設 / 立食そば / 駅スタンプ / 硬券入場券 / 発車音楽 / 駅ビル / 重要文化財 / 登録有形文化財 / 近代化産業遺産 / 鉄道記念物 / 中部の駅百選

1:130,000

0 1 2 3 4 5km

地図上の1センチは1.3キロメートル

鉄道施設
景観

車両基地（全般検査可能）
車両基地
車両製造工場
信号場・信号所
デッドセクション
急勾配
スイッチバック
ループ線
大カーブ
鉄道博物館
鉄道記念館
鉄道記念碑
車両展示
廃線跡
ロケ地

東海道新幹線

東海道本線

飯田線

武豊線

名古屋鉄道

愛知環状鉄道

路線↓

新幹線

2.0km 駅間距離

JR複線

JR単線

私鉄複線

私鉄単線

貨物線

新交通・モノレール

路面電車

ケーブルカー

ロープウェイ

廃線

カーフェリー

旅客船

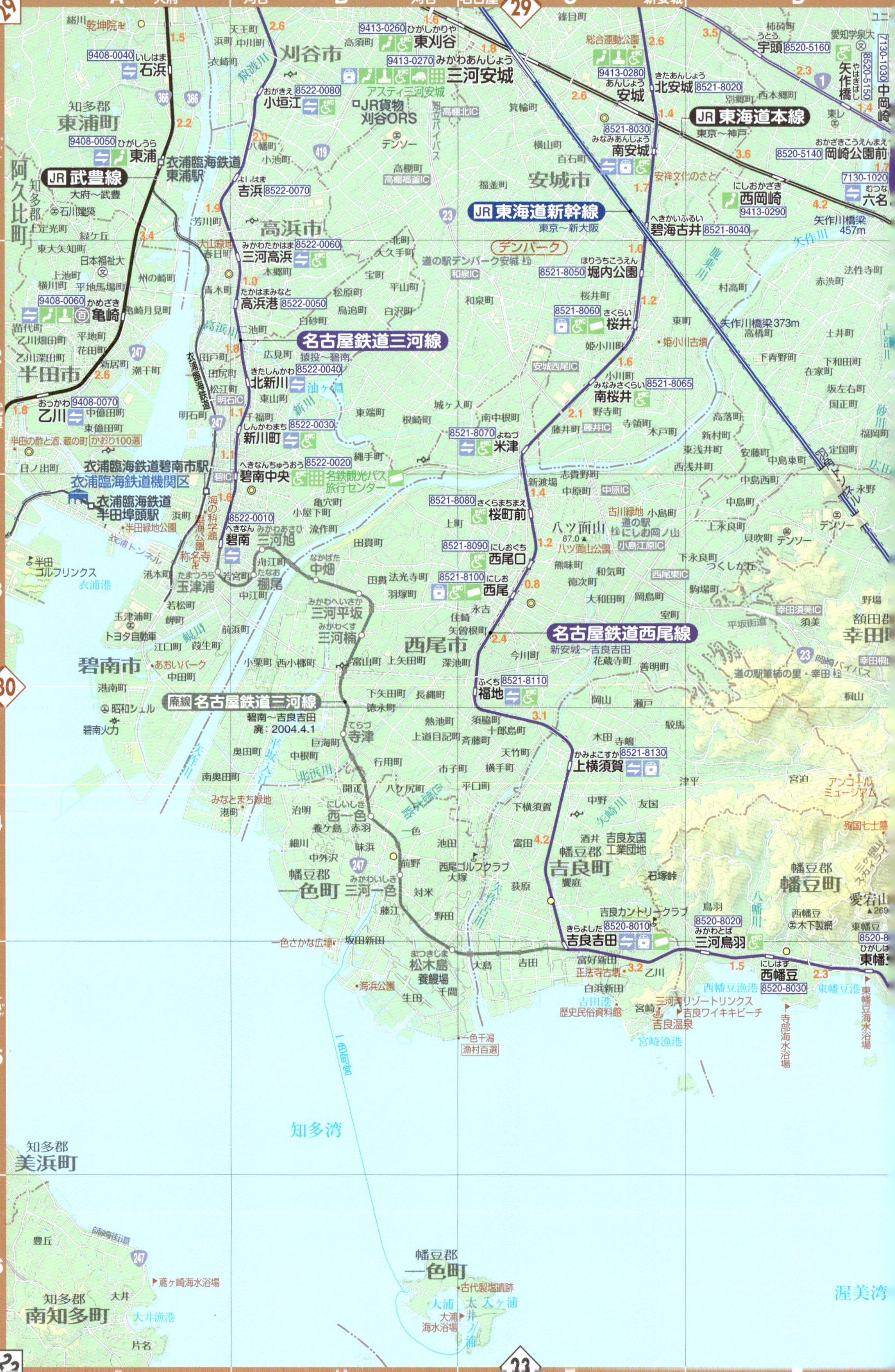

その他鉄道施設
撮影ポイント
絶景ポイント

駅・施設の付属情報
1234-5678 駅コード
ご利用案内 ➡ 表紙裏ページ

特急停車駅 / 列車交換 / スイッチバック / ループ線 / 頭端式ホーム / 転車台 / 扇形車庫 / デッドセクション / みどりの窓口 / レンタカー / 駅弁 / 多目的トイレ / 入浴施設 / 立食そば / 駅スタンプ / 硬券入場券 / 発車音楽 / 駅ビル / 重要文化財 / 登録有形文化財 / 近代化産業遺産 / 鉄道記念物 / 中部の駅百選

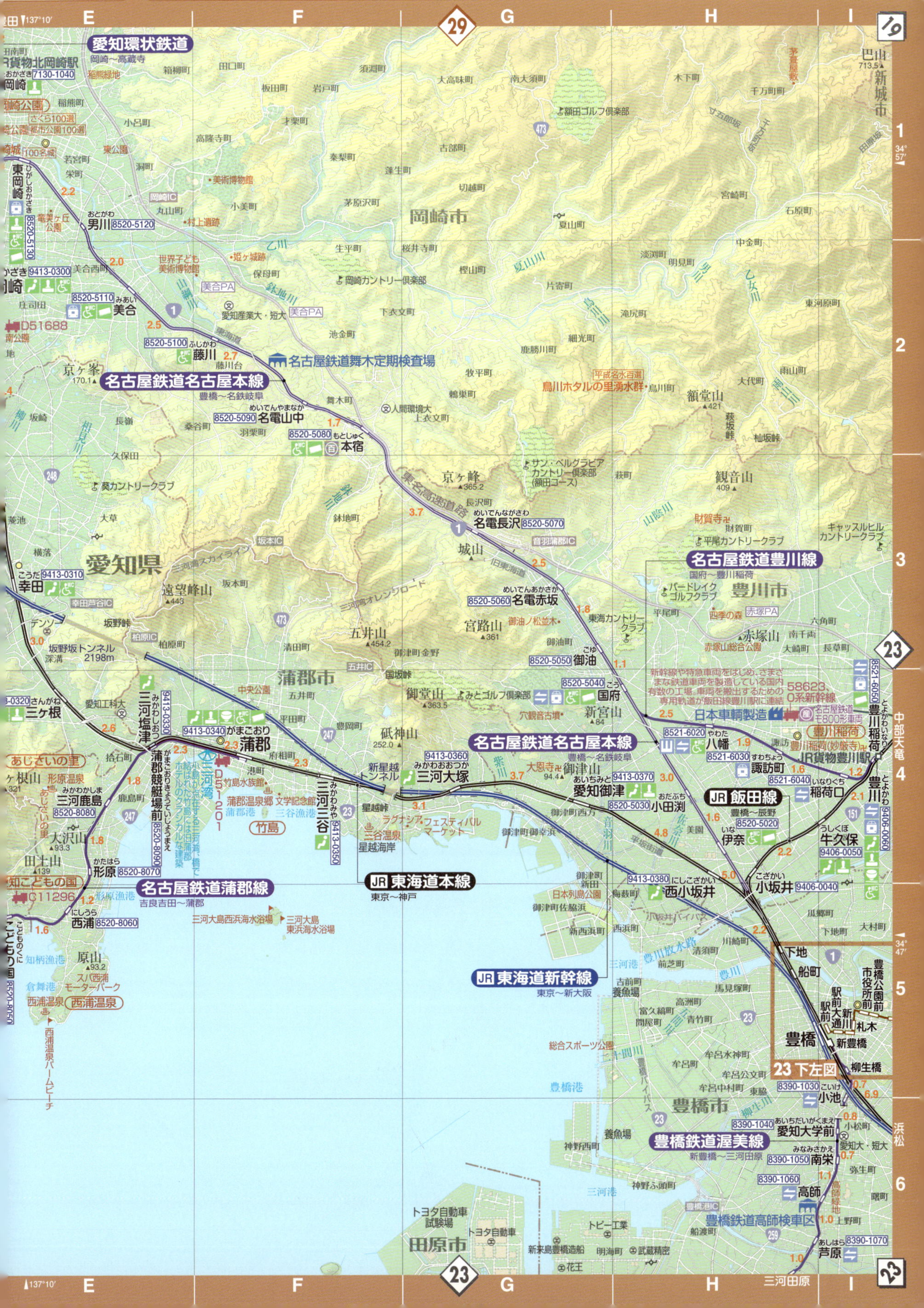

1:50,000

0 0.5 1 1.5 2km

地図上の1センチは500メートル

鉄道施設 景観

車両基地（全般検査可能） 信号場・信号所 スイッチバック 鉄道博物館 車両展示

車両基地 デッドセクション ループ線 鉄道記念館 廃線跡

車両製造工場 急勾配 大カーブ 鉄道記念碑 ロケ地

東海道新幹線

東海道本線

中央本線

関西本線

名古屋鉄道

近畿日本鉄道

路線

新幹線

2.0km 駅間距離

JR複線

JR単線

私鉄複線

私鉄単線

貨物線

新交通・モノレール

路面電車

ケーブルカー

ロープウェイ

廃線

カーフェリー

旅客船

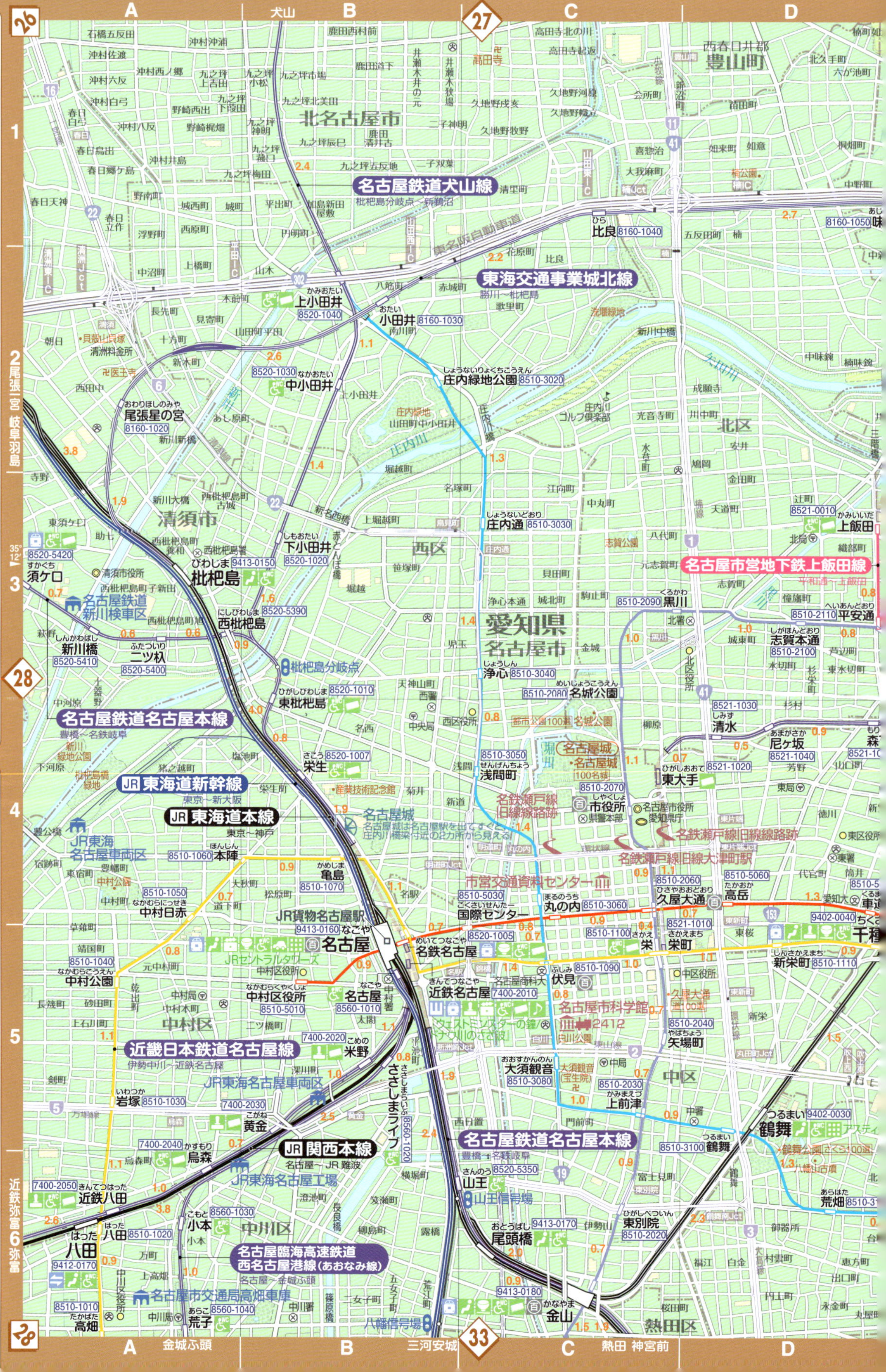

その他鉄道施設
撮影ポイント
絶景ポイント

駅・施設の付属情報

1234-5678 駅コード
ご利用案内 → 表紙裏ページ

特急停車駅 / 列車交換 / スイッチバック / ループ線 / 頭端式ホーム / 転車台 / 扇形車庫 / デッドセクション / みどりの窓口 / レンタカー / 駅弁 / 多目的トイレ / 入浴施設 / 立食そば / 駅スタンプ / 硬券入場券 / 発車音楽 / 駅ビル / 重要文化財 / 登録有形文化財 / 近代化産業遺産 / 鉄道記念物 / 中部の駅百選

1:50,000

0 0.5 1 1.5 2km

地図上の1センチは500メートル

鉄道施設景観 →

車両基地(全般検査可能) / 信号場・信号所 / スイッチバック / 鉄道博物館 / 車両展示
車両基地 / デッドセクション / ループ線 / 鉄道記念館 / 廃線跡
車両製造工場 / 急勾配 / 大カーブ / 鉄道記念碑 / ロケ地

東海道新幹線
東海道本線
名古屋鉄道
名古屋臨海高速鉄道

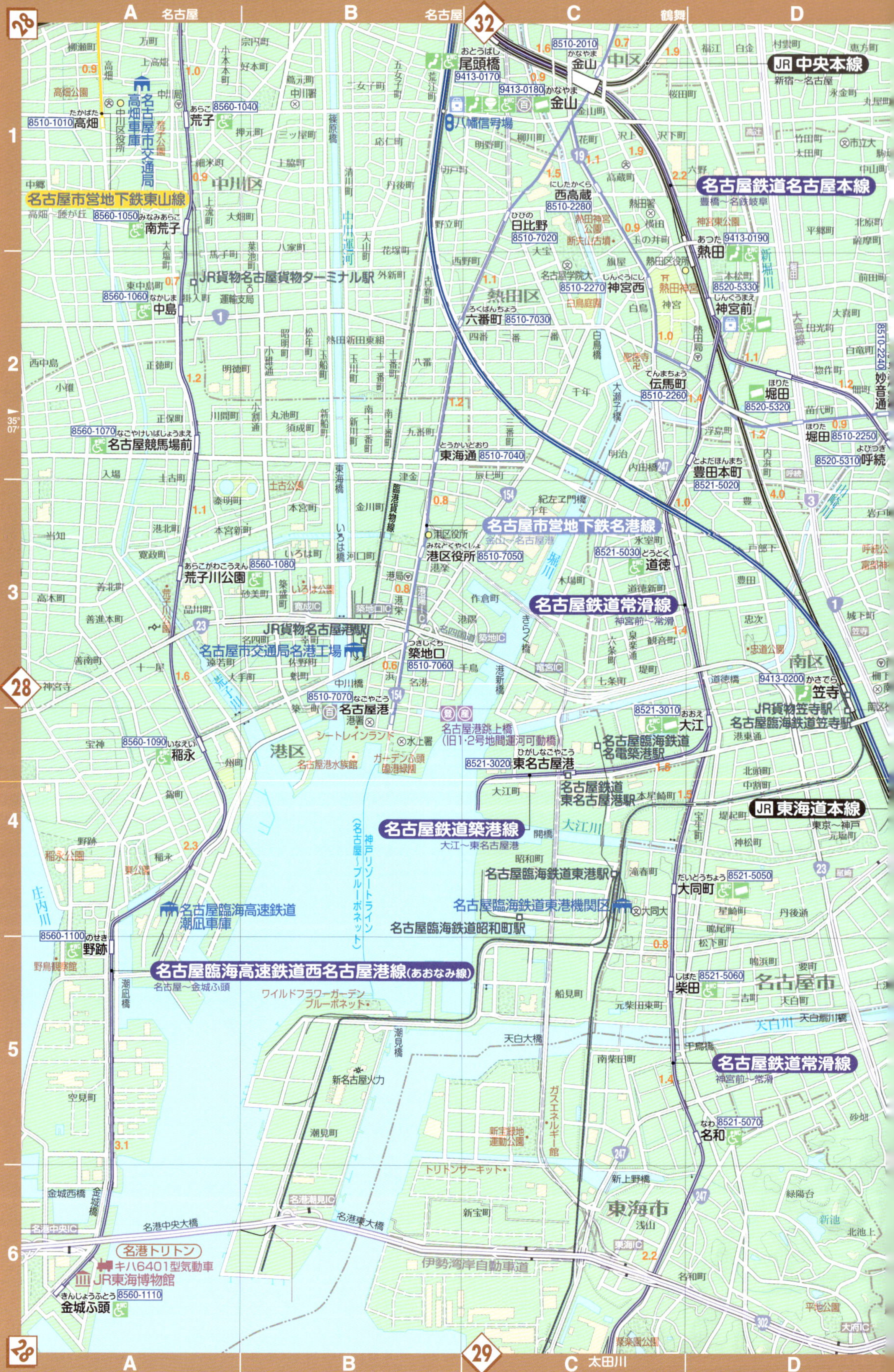

路線 ↓

新幹線
2.0km 駅間距離
JR複線
JR単線
私鉄複線
私鉄単線
貨物線
新交通・モノレール
路面電車
ケーブルカー
ロープウェイ
廃線
カーフェリー
旅客船

その他鉄道施設
撮影ポイント
絶景ポイント

駅・施設の付属情報

1234-5678 駅コード

ご利用案内 ➔ 表紙裏ページ

特急停車駅 / 列車交換 / スイッチバック / ループ線 / 頭端式ホーム / 転車台 / 扇形車庫 / デッドセクション / みどりの窓口 / レンタカー / 駅弁 / 多目的トイレ / 入浴施設 / 立食そば / 駅スタンプ / 硬券入場券 / 発車音楽 / 駅ビル / 重要文化財 / 登録有形文化財 / 近代化産業遺産 / 鉄道記念物 / 中部の駅百選

鉄道施設景観

- 車両基地（全般検査可能）
- 車両基地
- 車両製造工場
- 信号場・信号所
- デッドセクション
- 急勾配
- スイッチバック
- ループ線
- 大カーブ
- 鉄道博物館
- 鉄道記念館
- 鉄道記念碑
- 車両展示
- 廃線跡
- ロケ地

高岡 周辺図 4

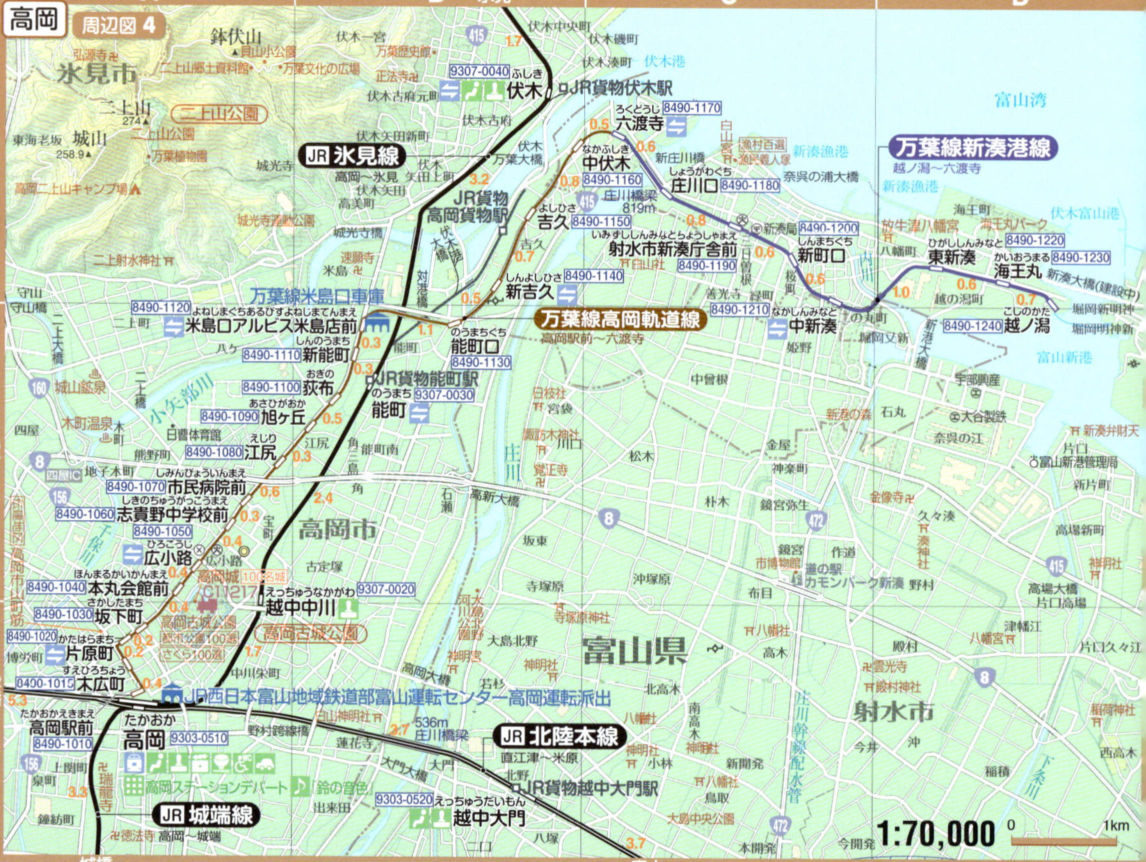

松本 周辺図 8

路線

- 新幹線
- 2.0km 駅間距離
- JR複線
- JR単線
- 私鉄複線
- 私鉄単線
- 貨物線
- 新交通・モノレール
- 路面電車
- ケーブルカー
- ロープウェイ
- 廃線
- カーフェリー
- 旅客船

その他鉄道施設
撮影ポイント
絶景ポイント

駅・施設の付属情報

1234-5678 駅コード
ご利用案内 ⇒ 表紙裏ページ

特急停車駅 / 列車交換 / スイッチバック / ループ線 / 頭端式ホーム / 転車台 / 扇形車庫 / デッドセクション / みどりの窓口 / レンタカー / 駅弁 / 多目的トイレ / 入浴施設 / 立食そば / 駅スタンプ / 硬券入場券 / 発車音楽 / 駅ビル / 重要文化財 / 登録有形文化財 / 近代化産業遺産 / 鉄道記念物 / 中部の駅百選

主要路線別クイック索引

本巻の地図中に収録されている鉄道路線のインデックスです。
各線の電気方式も一目でわかる便利機能付き!

◆図の見かた

- A…鉄道会社(事業者)
- B…路線名
- C…路線情報
- D…電気方式
- E…駅名
  ※主要駅、乗換駅、図郭最端駅を掲載
- F…乗換線名
  (■JR路線 ■民営鉄道線)
- G…地図番号と図郭範囲
  ※この場合、静岡～浜松が地図番号24の地図に掲載される

交流50Hz / 交流60Hz / 非電化 / 直流1500V / 直流750V / デッドセクション ※詳しくはP.3参照 / 直流600V / その他

(例)A ◆JR東海 B 東海道新幹線[とうかいどうしんかんせん] C 区間・距離 東京～新大阪 552.6km 軌間 1435mm 電気方式 交流60Hz 全通 1964年
新富士 / 静岡 ■東海道本線 / 掛川 ■東海道本線 ■天竜浜名湖鉄道 / 浜松 ■東海道本線 ■遠州鉄道 (20, 24)

◆JR東海

東海道新幹線
[とうかいどうしんかんせん]

区間・距離 東京～新大阪 552.6km
軌間 1435mm
電気方式 交流60Hz
全通 1964年

- 新富士
- 静岡 ■東海道本線
- 掛川 ■東海道本線 ■天竜浜名湖鉄道
- 浜松 ■東海道本線 ■遠州鉄道
- 豊橋 ■東海道本線 ■飯田線 ■名鉄名古屋本線 ■豊橋鉄道
- 三河安城 ■東海道本線
- 名古屋 ■東海道本線 ■中央本線 ■関西本線 ■名鉄名古屋本線 ■近鉄名古屋線 ■地下鉄東山線 ■地下鉄桜通線 ■名古屋臨海高速鉄道
- 岐阜羽島 ■名鉄竹鼻線 ■名鉄羽島線
- 米原 ■東海道本線 ■北陸本線 ■近江鉄道
- 京都 ■東海道本線 ■山陰本線 ■湖西線 ■奈良線 ■近鉄京都線 ■地下鉄烏丸線
- 新大阪 ■東海道本線 ■山陽新幹線 ■地下鉄御堂筋線

地図番号: 20 / 24 / 23 / 19 / 32 / 26 / 14,18 / 17 / 21

◆JR東日本・JR東海・JR西日本

東海道本線
[とうかいどうほんせん]

愛称 琵琶湖線(びわこせん)(米原～京都) ／京都線(きょうとせん)(京都～大阪) ／神戸線(こうべせん)(大阪～神戸)
区間・距離 東京～神戸 589.5km
軌間 1067mm
電気方式 直流1500V
全通 1889年

- 吉原 ■岳南鉄道
- 富士 ■身延線
- 新蒲原
- 興津
- 清水
- 草薙 ■静岡鉄道
- 東静岡
- 静岡 ■東海道新幹線
- 安倍川
- 焼津
- 六合
- 金谷 ■大井川鐵道 大井川本線

地図番号: 関東17 / 20 / 24 / 20 / 24

- 掛川 ■東海道新幹線 ■天竜浜名湖鉄道
- 磐田
- 豊田町
- 浜松 ■東海道新幹線 ■遠州鉄道
- 新所原 ■天竜浜名湖鉄道
- 豊橋 ■東海道新幹線 ■飯田線 ■名鉄名古屋本線 ■豊橋鉄道
- 西小坂井
- 蒲郡 ■名鉄蒲郡線
- 三河塩津 ■名鉄蒲郡線
- 三ケ根
- 幸田
- 岡崎 ■愛知環状鉄道
- 三河安城 ■東海道新幹線
- 東刈谷
- 野田新町
- 刈谷 ■名鉄三河線
- 逢妻

地図番号: 24 / 23 / 31 / 29

- 大府 ■武豊線
- 共和
- 南大高
- 金山 ■中央本線 ■名鉄名古屋本線 ■地下鉄名城線 ■地下鉄名港線
- 尾頭橋
- 名古屋 ■東海道新幹線 ■中央本線 ■関西本線 ■名鉄名古屋本線 ■近鉄名古屋線 ■地下鉄東山線 ■地下鉄桜通線 ■名古屋臨海高速鉄道
- 枇杷島 ■東海交通城北線
- 清洲
- 尾張一宮 ■名鉄名古屋本線 ■名鉄尾西線
- 木曽川
- 岐阜 ■高山本線 ■名鉄名古屋本線 ■名鉄各務原線
- 大垣 ■東海道本線(美濃赤坂支線) ■養老鉄道 ■樽見鉄道
- 関ケ原
- 柏原
- 醒ケ井
- 米原 ■東海道新幹線 ■北陸本線 ■近江鉄道本線
- 彦根 ■近江鉄道本線
- 稲枝
- 安土

地図番号: 29 / 33 / 32 / 26 / 18

- 近江八幡 ■近江鉄道八日市線
- 草津 ■草津線
- 石山 ■京阪石山坂本線
- 膳所 ■京阪石山坂本線
- 山科 ■湖西線 ■京阪京津線 ■地下鉄東西線
- 京都 ■東海道新幹線 ■山陰本線 ■湖西線 ■奈良線 ■近鉄京都線 ■地下鉄烏丸線
- 山崎
- 摂津富田
- 吹田 ■阪急千里線
- 新大阪 ■東海道新幹線 ■山陽新幹線 ■地下鉄御堂筋線
- 大阪 ■大阪環状線 ■福知山線 ■東西線 ■阪急京都線 ■阪急神戸線 ■阪急宝塚線 ■阪神本線 ■地下鉄御堂筋線 ■地下鉄四つ橋線 ■地下鉄谷町線
- 尼崎 ■福知山線 ■東西線
- 芦屋

地図番号: 17 / 21

◆JR東日本・JR東海

中央本線
［ちゅうおうほんせん］

区間・距離●新宿～名古屋 414.3km
軌間●1067mm
電気方式●直流1500V
全通●1911年

- 東山梨
- 山梨市
- 石和温泉
- 甲府（■身延線）
- 韮崎
- 新府
- 日野春
- 小淵沢（■小海線）
- 富士見
- 茅野
- 上諏訪
- 岡谷
- 辰野（■飯田線）
- みどり湖
- 塩尻（■篠ノ井線）
- 贄川
- 奈良井

16 11 12

- 木曽福島
- 上松
- 倉本
- 南木曽
- 中津川
- 恵那（明知鉄道）
- 武並
- 釜戸
- 多治見（■太多線）
- 古虎渓
- 高蔵寺（愛知環状鉄道）
- 神領
- 春日井
- 勝川（東海交通城北線）
- 大曽根（名鉄瀬戸線、地下鉄名城線）
- 千種（地下鉄東山線）
- 鶴舞（地下鉄鶴舞線）
- 金山（■東海道本線、名鉄名古屋本線、地下鉄名城線、地下鉄名港線）
- 名古屋（■東海道新幹線、■東海道本線、■関西本線、名鉄名古屋本線、近鉄名古屋線、地下鉄東山線、地下鉄桜通線、名古屋臨海高速鉄道）

11 27 15 32

◆JR西日本

北陸本線
［ほくりくほんせん］

区間・距離●直江津～米原 353.8km
軌間●1067mm
電気方式●直流1500V（直江津～糸魚川／敦賀～米原）／交流60Hz（糸魚川～敦賀）
全通●1913年

- 直江津（■信越本線）
- 筒石
- 能生
- 梶屋敷
- 糸魚川（■大糸線）
- 青海
- 泊
- 入善
- 生地
- 黒部
- 魚津（富山地鉄本線）
- 滑川（富山地鉄本線）
- 富山（■高山本線、富山地鉄本線、富山地鉄軌道線、富山ライトレール）
- 呉羽
- 小杉
- 越中大門
- 高岡（■城端線、■氷見線、万葉線高岡軌道線）
- 西高岡
- 石動
- 津幡（■七尾線）

2 4 3 34 6 5 2 4 3

- 金沢（北鉄浅野川線）
- 西金沢（北鉄石川線）
- 松任
- 小松
- 加賀温泉
- 細呂木
- 芦原温泉
- 森田
- 福井（えちぜん鉄道勝山永平寺線、福井鉄道福武線）
- 越前花堂（■越美北線）
- 鯖江
- 武生（福井鉄道福武線）
- 王子保
- 今庄
- 南今庄
- 敦賀（■小浜線）
- 近江塩津（■湖西線）
- 余呉
- 長浜
- 米原（■東海道新幹線、■東海道本線、近江鉄道本線）

6 9 14 10 13

◆JR東海・JR西日本

関西本線
［かんさいほんせん］

愛称●JR大和路線（じぇいあーるやまとじせん）（加茂～ JR難波）
区間・距離●名古屋～ JR難波 174.9km
軌間●1067mm
電気方式●直流1500V（名古屋～亀山／加茂～ JR難波）／非電化（亀山～加茂）
全通●1899年

- 名古屋（■東海道新幹線、■東海道本線、■中央本線、名鉄名古屋本線、近鉄名古屋線、地下鉄東山線、地下鉄桜通線、名古屋臨海高速鉄道）
- 八田（近鉄名古屋線、地下鉄東山線）
- 春田
- 弥富（名鉄尾西線）
- 長島
- 桑名（近鉄名古屋線、養老鉄道、三岐鉄道北勢線）
- 富田浜
- 四日市
- 河原田（伊勢鉄道）
- 河曲
- 加佐登
- 亀山（■紀勢本線）

32 30 28 22

- 柘植（■草津線）
- 佐那具
- 伊賀上野（伊賀鉄道）
- 加茂
- 木津（■奈良線、■片町線）
- 奈良（■桜井線）
- 王寺（■和歌山線、近鉄生駒線、近鉄田原本線）
- 柏原（近鉄道明寺線）
- 久宝寺（■おおさか東線）
- 天王寺（■大阪環状線、■阪和線、近鉄南大阪線、地下鉄御堂筋線、地下鉄谷町線、阪堺電軌上町線）
- 新今宮（■大阪環状線、南海本線、南海高野線、阪堺電軌阪堺線）
- 今宮（■大阪環状線）
- JR難波（南海本線、南海高野線、近鉄難波線、阪神なんば線、地下鉄御堂筋線、地下鉄四つ橋線、地下鉄千日前線）

21 22

◆JR西日本

紀勢本線
［きせいほんせん］

愛称●きのくに線（きのくにせん）（新宮～和歌山）
区間・距離●亀山～和歌山市 384.2km
軌間●1067mm
電気方式●直流1500V（新宮～和歌山市）／非電化（亀山～新宮）
全通●1959年

- 亀山（■関西本線）
- 一身田
- 津（近鉄名古屋線、伊勢鉄道）
- 阿漕
- 松阪（■名松線、近鉄山田線）
- 多気（■参宮線）
- 栃原
- 三瀬谷
- 紀伊長島
- 尾鷲
- 二木島

22 22 30 25

◆JR東海　JR西日本

高山本線

[たかやまほんせん]

区間・距離●岐阜～富山 225.8km
軌間●1067mm
電気方式●非電化
全通●1934年

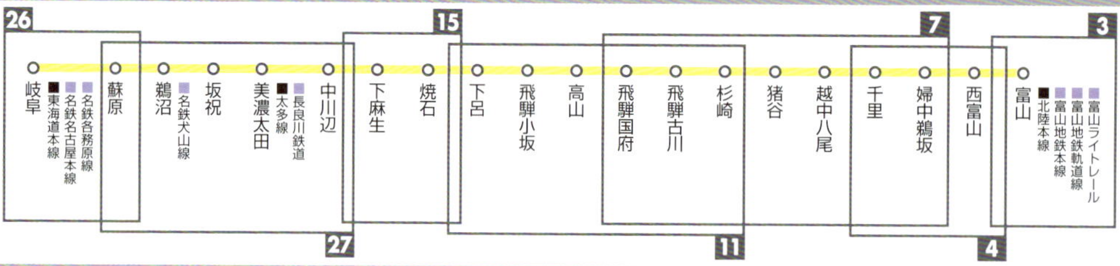

◆JR東日本

信越本線

[しんえつほんせん]

区間・距離●高崎～横川 29.7km　篠ノ井～新潟 220.6km
軌間●1067mm
電気方式●直流1500V
全通●1893年

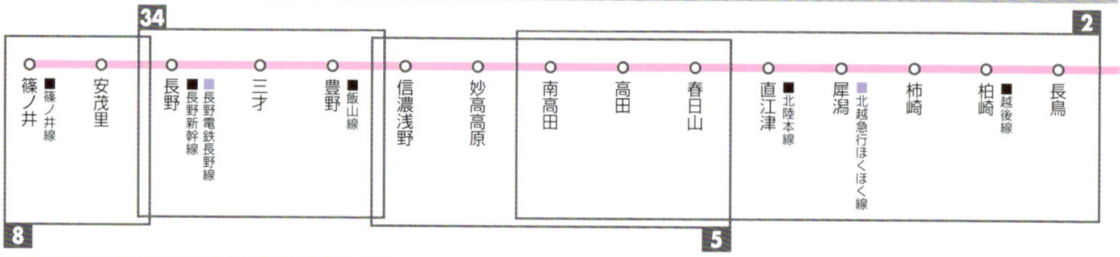

◆JR東海

飯田線

[いいだせん]

区間・距離●豊橋～辰野 195.7km
軌間●1067mm
電気方式●直流1500V
全通●1937年

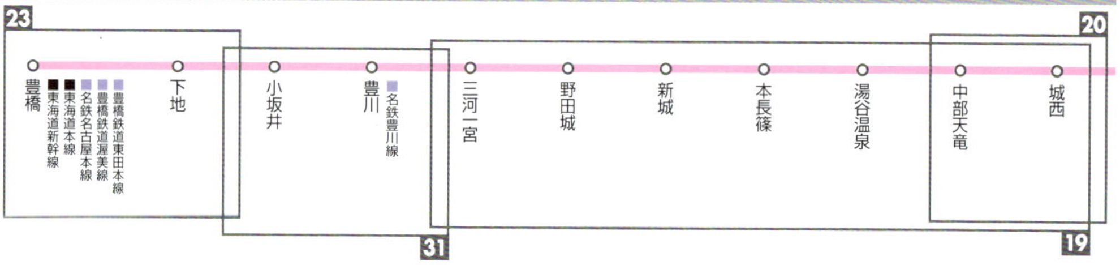

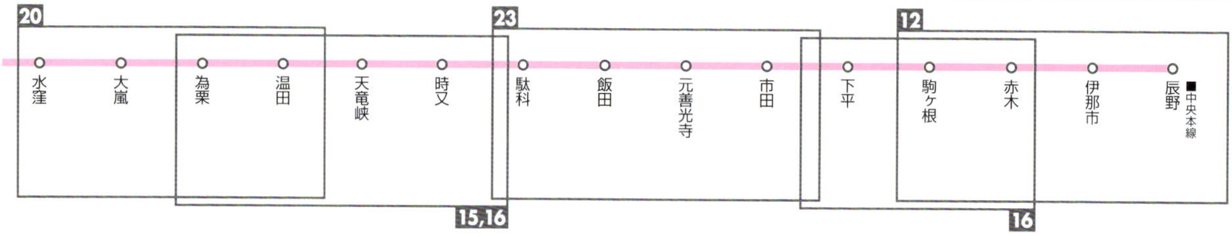

◆名古屋鉄道(なごやてつどう)

名古屋本線

[なごやほんせん]

区間・距離●豊橋～名鉄岐阜 99.8km
軌間●1067mm
電気方式●直流1500V
全通●1944年

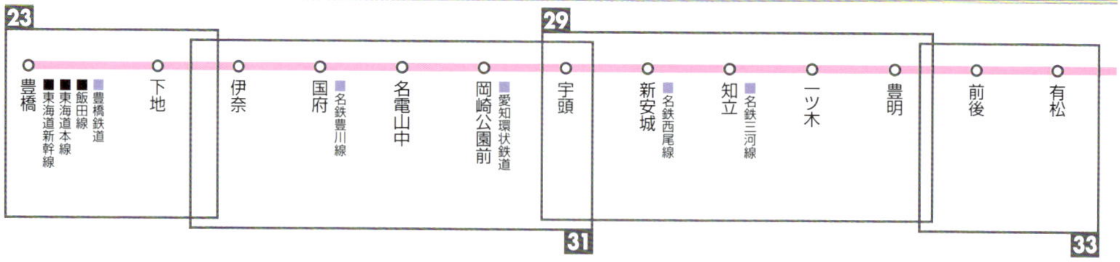

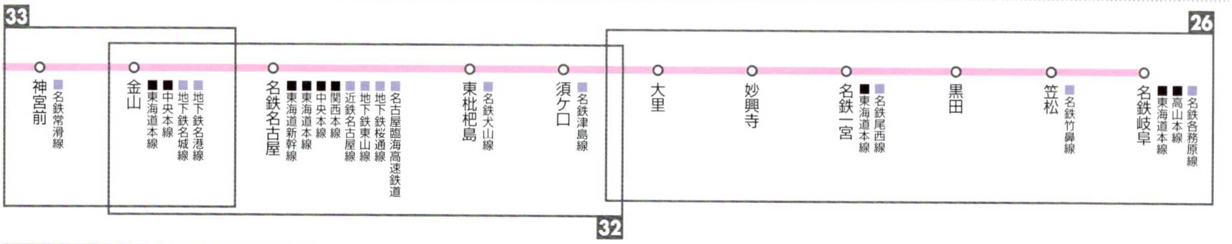

◆近畿日本鉄道(きんきにっぽんてつどう)

名古屋線

[なごやせん]

区間・距離●伊勢中川～近鉄名古屋 78.8km
軌間●1435mm
電気方式●直流1500V
全通●1938年

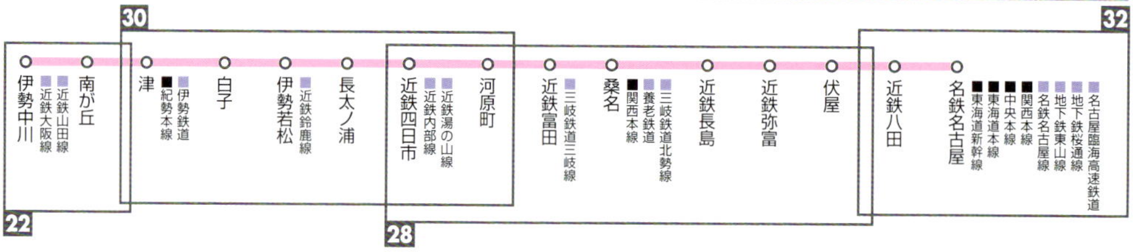

◆路線別索引

路線名	区間(距離)	軌間	電気方式	全通	索引
◆JR東日本 北陸新幹線[ほくりくしんかんせん] 愛称：長野新幹線	高崎～長野 117.4km	1435mm	交流50Hz 交流60Hz	1997年	軽井沢～佐久平 8／上田 34／長野 34
◆JR西日本 七尾線[ななおせん]	津幡～和倉温泉 59.5km	1067mm	直流1500V	1925年	津幡～和倉温泉 3
◆JR西日本 氷見線[ひみせん]	高岡～氷見 16.5km	1067mm	非電化	1912年	高岡～伏木 34／越中国分～氷見 4
◆JR西日本 城端線[じょうはなせん]	高岡～城端 29.9km	1067mm	非電化	1898年	高岡 34／二塚～砺波 3／戸出～城端 6
◆JR西日本 越美北線[えつみほくせん]	越前花堂～九頭竜湖 52.5km	1067mm	非電化	1972年	越前花堂～美山 9／越前薬師～九頭竜湖 10
◆JR西日本 小浜線[おばません]	敦賀～東舞鶴 84.3km	1067mm	直流1500V	1922年	敦賀～東舞鶴 13
◆JR東海 東海道本線(美濃赤坂支線) [とうかいどうほんせん(みのあかさかしせん)]	大垣～美濃赤坂 5.0km	1067mm	直流1500V	1919年	大垣～美濃赤坂 26
◆JR東海 太多線[たいたせん]	多治見～美濃太田 17.8km	1067mm	非電化	1923年	多治見～美濃太田 27
◆JR東海 武豊線[たけとよせん]	大府～武豊 19.3km	1067mm	非電化	1886年	大府～石浜 29／石浜～乙川 31／亀崎～武豊 30
◆JR東海 名松線[めいしょうせん]	松阪～伊勢興津 43.5km	1067mm	非電化	1935年	松阪～伊勢興津 22
◆JR東海 参宮線[さんぐうせん]	多気～鳥羽 29.1km	1067mm	非電化	1911年	多気～鳥羽 22
◆JR東日本 飯山線[いいやません]	豊野～越後川口 96.7km	1067mm	非電化	1929年	豊野 34／信濃浅野～越後田沢 5
◆JR東日本 篠ノ井線[しののいせん]	篠ノ井～塩尻 66.7km	1067mm	直流1500V	1902年	篠ノ井～田沢 8／北松本～村井 34／広丘～塩尻 12
◆JR東日本・JR西日本 大糸線[おおいとせん]	松本～糸魚川 105.4km	1067mm	直流1500V 非電化	1957年	松本～一日市場 34／中萱～白馬 8／南神城～糸魚川 5
◆JR東日本 小海線[こうみせん] 愛称：八ヶ岳高原線	小諸～小淵沢 78.9km	1067mm	非電化	1933年	小諸～臼田 8／滑津～小淵沢 12
◆JR東日本 身延線[みのぶせん]	富士～甲府 88.4km	1067mm	直流1500V	1928年	富士～竪堀 関東17／入山瀬～甲斐大島 20／ 甲斐大島～甲府 16
◆名古屋鉄道[なごやてつどう] 各務原線[かかみがはらせん]	名鉄岐阜～新鵜沼 17.6km	1067mm	直流1500V	1926年	名鉄岐阜～三柿野 26／六軒～新鵜沼 27
◆名古屋鉄道[なごやてつどう] 竹鼻線[たけはなせん]	笠松～江吉良 17.0km	1067mm	直流1500V	1935年	笠松～江吉良 26
◆名古屋鉄道[なごやてつどう] 羽島線[はしません]	江吉良～新羽島 1.3km	1067mm	直流1500V	1982年	江吉良～新羽島 26
◆名古屋鉄道[なごやてつどう] 尾西線[びさいせん]	弥富～玉ノ井 20.6km	1067mm	直流1500V	1918年	弥富～上丸渕 28／上丸渕～玉ノ井 26
◆名古屋鉄道[なごやてつどう] 津島線[つしません]	須ケ口～津島 11.8km	1067mm	直流1500V	1914年	須ケ口 32／甚目寺～津島 28
◆名古屋鉄道[なごやてつどう] 瀬戸線[せとせん]	栄町～尾張瀬戸 20.6km	1067mm	直流1500V	1978年	栄町～旭前 32／尾張旭～尾張瀬戸 29
◆名古屋鉄道[なごやてつどう] 犬山線[いぬやません]	枇杷島分岐点～新鵜沼 26.8km	1067mm	直流1500V	1926年	枇杷島分岐点～上小田井 32／西春～新鵜沼 27
◆名古屋鉄道[なごやてつどう] 広見線[ひろみせん]	犬山～御嵩 22.3km	1067mm	直流1500V	1952年	犬山～御嵩 27
◆名古屋鉄道[なごやてつどう] 小牧線[こまきせん]	上飯田～犬山 20.6km	1067mm	直流1500V	1931年	上飯田～味美 32／春日井～犬山 27
◆名古屋鉄道[なごやてつどう] 三河線[みかわせん]	猿投～碧南 39.8km	1067mm	直流1500V	1924年	猿投～刈谷市 29／小垣江～碧南 31
◆名古屋鉄道[なごやてつどう] 常滑線[とこなめせん]	神宮前～常滑 29.3km	1067mm	直流1500V	1913年	神宮前～名和 33／聚楽園～古見 29／長浦～常滑 30
◆名古屋鉄道[なごやてつどう] 築港線[ちっこうせん]	大江～東名古屋港 1.5km	1067mm	直流1500V	1924年	大江～東名古屋港 33
◆名古屋鉄道[なごやてつどう] 空港線[くうこうせん]	常滑～中部国際空港 4.2km	1067mm	直流1500V	2005年	常滑～中部国際空港 30
◆名古屋鉄道[なごやてつどう] 知多新線[ちたしんせん]	富貴～内海 13.9km	1067mm	直流1500V	1980年	富貴～内海 30
◆名古屋鉄道[なごやてつどう] 豊田線[とよたせん]	赤池～梅坪 15.2km	1067mm	直流1500V	1979年	赤池 33／日進～梅坪 29
◆名古屋鉄道[なごやてつどう] 西尾線[にしおせん]	新安城～吉良吉田 24.7km	1067mm	直流1500V	1928年	新安城 29／北安城～吉良吉田 31
◆名古屋鉄道[なごやてつどう] 河和線[こうわせん]	太田川～河和 28.8km	1067mm	直流1500V	1935年	太田川～八幡新田 29／八幡新田～河和 30
◆名古屋鉄道[なごやてつどう] 蒲郡線[がまごおりせん]	吉良吉田～蒲郡 17.6km	1067mm	直流1500V	1936年	吉良吉田～蒲郡 31
◆名古屋鉄道[なごやてつどう] 豊川線[とよかわせん]	国府～豊川稲荷 7.2km	1067mm	直流1500V	1954年	国府～豊川稲荷 31

路線名	区間(距離)	軌間	電気方式	全通	索引
◆近畿日本鉄道[きんきにっぽんてつどう] **大阪線**[おおさかせん]	大阪上本町～伊勢中川 108.9km	1435mm	直流1500V	1930年	大阪上本町～青山町 21／伊賀神戸～伊勢中川 22
◆近畿日本鉄道[きんきにっぽんてつどう] **湯の山線**[ゆのやません]	近鉄四日市～湯の山温泉 15.4km	1435mm	直流1500V	1913年	近鉄四日市～湯の山温泉 28
◆近畿日本鉄道[きんきにっぽんてつどう] **内部線**[うつべせん]	近鉄四日市～内部 5.7km	762mm	直流750V	1922年	近鉄四日市～内部 30
◆近畿日本鉄道[きんきにっぽんてつどう] **八王子線**[はちおうじせん]	日永～西日野 1.3km	762mm	直流750V	1912年	日永～西日野 30
◆近畿日本鉄道[きんきにっぽんてつどう] **鈴鹿線**[すずかせん]	伊勢若松～平田町 8.2km	1435mm	直流1500V	1963年	伊勢若松～平田町 30
◆近畿日本鉄道[きんきにっぽんてつどう] **山田線**[やまだせん]	伊勢中川～宇治山田 28.3km	1435mm	直流1500V	1931年	伊勢中川～宇治山田 22
◆近畿日本鉄道[きんきにっぽんてつどう] **鳥羽線**[とばせん]	宇治山田～鳥羽 13.2km	1435mm	直流1500V	1970年	宇治山田～鳥羽 22
◆近畿日本鉄道[きんきにっぽんてつどう] **志摩線**[しません]	鳥羽～賢島 24.5km	1435mm	直流1500V	1929年	鳥羽～沓掛 22／加茂～賢島 25
◆のと鉄道[のとてつどう] **七尾線**[ななおせん]	七尾～穴水 33.1km	1067mm	非電化	1988年	七尾～西岸 3／能登中島～穴水 1
◆北陸鉄道[ほくりくてつどう] **石川線**[いしかわせん]	野町～鶴来 15.9km	1067mm	直流600V	1922年	野町～鶴来 6
◆北陸鉄道[ほくりくてつどう] **浅野川線**[あさのがわせん]	北鉄金沢～内灘 6.8km	1067mm	直流1500V	1929年	北鉄金沢～内灘 6
◆万葉線[まんようせん] **新湊港線**[しんみなとこうせん] 愛称：万葉線	越ノ潟～六渡寺 4.9km	1067mm	直流600V	1933年	越ノ潟～六渡寺 34
◆富山ライトレール[とやまらいとれーる] **富山港線**[とやまこうせん]	奥田中学校前～岩瀬浜 6.5km	1067mm	直流600V	2006年	奥田中学校前～岩瀬浜 3
◆富山地方鉄道[とやまちほうてつどう] **本線**[ほんせん]	電鉄富山～宇奈月温泉 53.3km	1067mm	直流1500V	1937年	電鉄富山～滑川 3／滑川～栃屋 2／ 浦山～宇奈月温泉 4
◆富山地方鉄道[とやまちほうてつどう] **不二越線**[ふじこしせん]	稲荷町～南富山 3.3km	1067mm	直流1500V	1914年	稲荷町～南富山 3
◆富山地方鉄道[とやまちほうてつどう] **立山線**[たてやません]	寺田～立山 24.2km	1067mm	直流1500V	1955年	寺田～田添 3／五百石～下段 4／五百石～立山 7
◆富山地方鉄道[とやまちほうてつどう] **上滝線**[かみだきせん]	南富山～岩峅寺 12.4km	1067mm	直流1500V	1921年	南富山 3／朝菜町～岩峅寺 7
◆黒部峡谷鉄道[くろべきょうこくてつどう] **本線**[ほんせん]	宇奈月～欅平 20.1km	762mm	直流600V	1973年	宇奈月～欅平 4
◆立山黒部貫光[たてやまくろべかんこう] **立山ケーブルカー** [たてやまけーぶるかー]	立山～美女平 1.3km	1067mm		1954年	立山～美女平 7
◆立山黒部貫光[たてやまくろべかんこう] **無軌条電車線**[むきじょうでんしゃせん] 愛称：立山トロリーバス	室堂～大観峰 3.7km	無軌条電車	直流600V	1996年	室堂～大観峰 7
◆立山黒部貫光[たてやまくろべかんこう] **黒部ケーブルカー** [くろべけーぶるかー]	黒部湖～黒部平 0.8km	1067mm		1969年	黒部湖～黒部平 7
◆関西電力[かんさいでんりょく] **関電トンネルトロリーバス**※1 [かんでんとんねるとろりーばす]	扇沢～黒部ダム 6.1km	無軌条電車	直流600V	1964年	扇沢～黒部ダム 7
◆北越急行[ほくえつきゅうこう] **ほくほく線**[ほくほくせん]	六日町～犀潟 59.5km	1067mm	直流1500V	1997年	六日町～十日町 関東1／まつだい～犀潟 2
◆長野電鉄[ながのでんてつ] **長野線**[ながのせん]	長野～湯田中 33.2km	1067mm	直流1500V	1928年	長野～都住 34／桜沢～延徳 5／信州中野～湯田中 34
◆長野電鉄[ながのでんてつ] **屋代線**[やしろせん]	屋代～須坂 24.4km	1067mm	直流1500V	1922年	屋代～綿内 8／井上～須坂 34
◆しなの鉄道[しなのてつどう] **しなの鉄道線**[しなのてつどうせん]	軽井沢～篠ノ井 65.1km	1067mm	直流1500V	1888年	軽井沢～田中 8／大屋～西上田 34／ テクノさかき～篠ノ井 8
◆上田電鉄[うえだでんてつ] **別所線**[べっしょせん]	上田～別所温泉 11.6km	1067mm	直流1500V	1924年	上田～別所温泉 34
◆松本電気鉄道[まつもとでんきてつどう] **上高地線**[かみこうちせん]	松本～新島々 14.4km	1067mm	直流1500V	1924年	松本～新島々 34
◆えちぜん鉄道[えちぜんてつどう] **三国芦原線**[みくにあわらせん]	福井口～三国港 25.2km	1067mm	直流600V	1944年	福井口～中角 9／鷲塚針原～三国港 9 10
◆えちぜん鉄道[えちぜんてつどう] **勝山永平寺線**[かつやまえいへいじせん]	福井～勝山 27.8km	1067mm	直流600V	1929年	福井～轟 9／越前野中～勝山 10
◆福井鉄道[ふくいてつどう] **福武線**[ふくぶせん]	越前武生～赤十字前(～鉄軌分界点) 17.8 (+0.3km)	1067mm	直流600V	1925年	越前武生～赤十字前 9
◆樽見鉄道[たるみてつどう] **樽見線**[たるみせん]	大垣～樽見 34.5km	1067mm	非電化	1989年	大垣～本巣 26／織部～樽見 14
◆長良川鉄道[ながらがわてつどう] **越美南線**[えつみなんせん]	美濃太田～北濃 72.1km	1067mm	非電化	1934年	美濃太田～関 27／関市役所前～山田 14／ 郡上八幡～北濃 10
◆養老鉄道[ようろうてつどう] **養老線**[ようろうせん]	桑名～揖斐 57.5km	1067mm	直流1500V	1919年	桑名～駒野 28／美濃津屋～揖斐 26
◆東海交通事業[とうかいこうつうじぎょう] **城北線**[じょうほくせん]	勝川～枇杷島 11.2km	1067mm	非電化	1993年	勝川～枇杷島 32

路線名	区間（距離）	軌間	電気方式	全通	索引
◆愛知高速交通[あいちこうそくこうつう] 東部丘陵線[とうぶきゅうりょうせん] 愛称：リニモ	藤が丘～八草 8.9km	常電導吸引型 磁気浮上式 （HSST）	直流1500V	2005年	藤が丘 32／はなみずき通～八草 29
◆名古屋臨海高速鉄道 [なごやりんかいこうそくてつどう] 西名古屋港線[にしなごやこうせん] 愛称：あおなみ線	名古屋～金城ふ頭 15.2km	1067mm	直流1500V	2004年	名古屋～荒子 32／荒子～金城ふ頭 33
◆愛知環状鉄道[あいちかんじょうてつどう] 愛知環状鉄道線 [あいちかんじょうてつどうせん]	岡崎～高蔵寺 45.3km	1067mm	直流1500V	1988年	岡崎～北岡崎 31／北岡崎～新瀬戸 29／ 新瀬戸～高蔵寺 27
◆名古屋市交通局[なごやしこうつうきょく] 名古屋市営地下鉄東山線 [なごやしえいちかてつ　ひがしやません]	高畑～藤が丘 20.6km	1435mm	直流600V	1982年	高畑～藤が丘 32
◆名古屋市交通局[なごやしこうつうきょく] 名古屋市営地下鉄名城線 [なごやしえいちかてつ　めいじょうせん]	金山～金山（環状） 26.4km	1435mm	直流600V	2004年	金山～八事日赤 32／八事日赤～金山 33
◆名古屋市交通局[なごやしこうつうきょく] 名古屋市営地下鉄名港線[なごやしえいちかてつ　めいこうせん]	金山～名古屋港 6.0km	1435mm	直流600V	1971年	金山～名古屋港 33
◆名古屋市交通局[なごやしこうつうきょく] 名古屋市営地下鉄鶴舞線 [なごやしえいちかてつ　つるまいせん]	上小田井～赤池 20.4km	1067mm	直流1500V	1993年	上小田井～いりなか 32／いりなか～赤池 33
◆名古屋市交通局[なごやしこうつうきょく] 名古屋市営地下鉄桜通線 [なごやしえいちかてつ　さくらどおりせん]	中村区役所～野並 14.9km	1067mm	直流1500V	1994年	中村区役所～桜山 32／桜山～野並 33
◆名古屋市交通局[なごやしこうつうきょく] 名古屋市営地下鉄上飯田線 [なごやしえいちかてつ　かみいいだせん]	平安通～上飯田 0.8km	1067mm	直流1500V	2003年	平安通～上飯田 32
◆名古屋ガイドウェイバス [なごやがいどうぇいばす] 志段味線[しだみせん] 愛称：ゆとりーとライン	大曾根～小幡緑地 6.5km	側方案内式	非電化	2001年	大曾根～小幡緑地 32
◆豊橋鉄道[とよはしてつどう] 渥美線[あつみせん]	新豊橋～三河田原 18.0km	1067mm	直流1500V	1927年	新豊橋～柳生橋 23／小池～芦原 31／ 向ヶ丘～三河田原 23
◆三岐鉄道[さんぎてつどう] 三岐線[さんぎせん]	近鉄富田～西藤原 26.5km	1067mm	直流750V	1931年	近鉄富田～西藤原 28
◆三岐鉄道[さんぎてつどう] 三岐鉄道近鉄連絡線 [さんぎてつどうきんてつれんらくせん]	三岐朝明信号場～近鉄富田 1.1km	1067mm	直流1500V	1970年	三岐朝明信号場～近鉄富田 28
◆三岐鉄道[さんぎてつどう] 北勢線[ほくせいせん]	西桑名～阿下喜 20.4km	762mm	直流750V	1931年	西桑名～阿下喜 28
◆伊勢鉄道[いせてつどう] 伊勢鉄道線[いせてつどうせん]	河原田～津 22.3km	1067mm	非電化	1973年	河原田～津 30
◆明知鉄道[あけちてつどう] 明知線[あけちせん]	恵那～明智 25.1km	1067mm	非電化	1967年	恵那～明智 15
◆天竜浜名湖鉄道 [てんりゅうはまなこてつどう] 天竜浜名湖線[てんりゅうはまなこせん]	掛川～新所原 67.7km	1067mm	非電化	1940年	掛川～宮口 24／フルーツパーク～新所原 23
◆遠州鉄道[えんしゅうてつどう] 西鹿島線[にしかじません]	新浜松～西鹿島 17.8km	1067mm	直流750V	1927年	新浜松～西鹿島 24
◆大井川鐵道[おおいがわてつどう] 大井川本線[おおいがわほんせん]	金谷～千頭 39.5km	1067mm	直流1500V	1931年	金谷～神尾 24／代官町～駿河徳山 20／青部～千頭 24
◆大井川鐵道[おおいがわてつどう] 井川線[いがわせん]	千頭～井川 25.5km	1067mm	直流1500V	1954年	千頭～井川 24
◆静岡鉄道[しずおかてつどう] 静岡清水線[しずおかしみずせん]	新静岡～新清水 11.0km	1067mm	直流600V	1908年	新静岡～新清水 24
◆万葉線[まんようせん] 高岡軌道線※2 [たかおかきどうせん] 愛称：万葉線	高岡駅前～六渡寺 4.9km	1067mm	直流600V	1951年	高岡駅前～六渡寺 34
◆富山ライトレール[とやまらいとれーる] 富山港線※2 [とやまこうせん]	富山駅北～奥田中学校前 1.1km	1067mm	直流600V	2006年	富山駅北～奥田中学校前 3
◆富山地方鉄道[とやまちほうてつどう] 富山軌道線本線※2 [とやまきどうせんほんせん]	富山駅前～南富山駅前 3.6km	1067mm	直流600V	1915年	南富山駅前～富山駅前 3
◆富山地方鉄道[とやまちほうてつどう] 富山軌道線支線※2 [とやまきどうせんしせん]	富山駅前～丸の内 1.0km	1067mm	直流600V	1913年	富山駅前～丸の内 3
◆富山地方鉄道[とやまちほうてつどう] 富山軌道線安野屋線※2 [とやまきどうせんやすのやせん]	丸の内～安野屋 0.6km	1067mm	直流600V	1952年	丸の内～安野屋 3
◆富山地方鉄道[とやまちほうてつどう] 富山軌道線呉羽線※2 [とやまきどうせんくれはせん]	安野屋～大学前 1.2km	1067mm	直流600V	1916年	安野屋～大学前 3
◆福井鉄道[ふくいてつどう] 福武線※2 [ふくぶせん]	（鉄軌分界点～）木田四ツ辻～福井駅前 1.7km（+0.3km） 市役所前～田原町 1.3km	1067mm	直流600V	1950年	木田四ツ辻～福井駅前 9／市役所前～田原町 9
◆豊橋鉄道[とよはしてつどう] 東田本線※2 [あずまだほんせん]	駅前～赤岩口 4.8km 井原～運動公園前 0.6km	1067mm	直流600V	1982年	駅前～赤岩口 23／井原～運動公園前 23

※1　12月1日～ 4月中旬は冬期運休期間。　※2　路面電車

道路

◆高速道路・有料道路

※サービスエリア・パーキングエリアの形状は縮尺によって異なります

インターチェンジ　サービスエリア・パーキングエリア
都市高速番号　浜松西　浜名湖SA
2車線　4車線　多車線　トンネル　計画

◆一般道路

都道府県道番号　※縮尺1:40,000以上の地図　国道番号　インターチェンジ　明道町
徒歩道　トンネル　計画

その他の地図記号

都道府県庁	滝	デパート
市役所	道の駅	NTT
区役所・役場	えびの高原 著名観光地	工場
神社	官公署	工業団地
寺院	警察署	発電所
温泉	普通郵便局	変電所
日帰り入浴施設	消防署	墓地
海水浴場	学校	教会
名水	病院	スキー場
桜の名所	ホテル	ゴルフ場
花の名所	銀行	空港
紅葉・新緑の名所		

※一部の記号は縮尺1:40,000以上の地図のみに掲載

境界線

都道府県界　市区町村界　町・大字界

※縮尺1:40,000以上の地図

日本の百選

官公庁が主体となって選定したものから、個人が独自の観点で選定したものまで、16の百選を紹介。中には鉄道に関連する選定物もあります。

名水百選　**名水百選**　全国の清澄な水について、その再発見に努め国民に紹介し、国民の水質保全への認識を深めるために1985年に環境庁(当時)が選定。

平成名水百選　**平成の名水百選**　水環境保全の推進をより一層図ることを目的として、2008年に環境省が選定。地域住民による持続的な保全活動が評価されたものが多い。

百名山　**日本百名山**　登山家／文筆家・深田久弥の著書『日本百名山』に掲載された山。選定基準は山の「品格」「歴史」「個性」の3つ。

渚百選　**日本の渚・百選**　1996年「海の日」が国民の祝日になったことから、海の恵みに感謝し、海を大切にする心を育むことを目的として優れた「渚」を選定。

道100選　**日本の道100選**　1986年に道の日(8月10日)の制定を記念して、日本の特色ある優れた道路を、建設省(当時)と「道の日」実行委員会で選定。

滝百選　**日本の滝百選**　世界に類を見ない滝の宝庫である日本。自然との共生や環境保全を目的として、全国から公募した中から選定された、日本を代表する滝。

100名城　**日本の100名城**　2006年全国各地の名城探訪の手がかりとして選定。文化財や歴史上の重要性、復元の正確性、観光地としての知名度などが基準。

都市公園100選　**日本の都市公園100選**　身近にある緑地公園に対する愛護意識を喚起し、公園整備の推進を図ることが目的。地域の人々が親しみ、誇りとしている公園の中から選定。

さくら100選　**日本のさくらの名所100選**　1990年に日本さくらの会が、日本を代表する特色ある優れたさくらの名所100箇所を選定。名所の保存、育成に努める。

棚田百選　**日本の棚田百選**　1997年に農林水産省が、全国の棚田から134の地区を選定。田植え体験やオーナー制度を実施するなど保全活動に努めている。

漁村百選　**未来に残したい漁業漁村の歴史文化財百選**　2006年に水産庁が、漁村に残る歴史的・文化的に価値の高い施設や工法、伝統行事、食文化、景観などさまざまな角度から選定。

灯台50選　**日本の灯台50選**　1998年に一般から募集し、明治初期に建設された灯台、参観できる灯台、地元に昔から親しまれている灯台などが選ばれた。

峠100選　**日本の峠100選**　全国の峠の中から、歴史上・現在の重要度、標高、標高差、展望の優劣やトンネル存否などを判断基準として、昭文社が選定。

伝建地区　**重要伝統的建造物群保存地区**　城下町、宿場町、門前町など歴史的な集落、町並みを伝統的建造物群保存地区として市町村が保存。その中から価値の高いものを国が選定。

音100選　**日本の音風景100選**　人々が地域のシンボルとして大切にし、将来に残していきたいと願っている音の聞こえる「音環境」を公募した中から選定。

かおり100選　**日本のかおり風景100選**　豊かなかおりとその源になる自然や文化・生活を一体として将来に残し、伝えていくため、「かおり風景」を募集し、特に優れたものを認定。

※特定の場所に限定されない物件や、広範囲で指定されている物件はおおよその位置で示しています。また、一部の名称には、市町村合併前の旧行政名で表記しているものがあります。

Railway mapple 中部

レールウェイ マップル
鉄道地図帳

2010年 1版1刷発行
ISBN978-4-398-65304-8

発行人●黒田茂夫
発行所●昭文社
[本社] 〒102-8238 東京都千代田区麹町3-1
TEL 03-3556-8111(代表)
[支社] 〒532-0011 大阪市淀川区西中島6-11-23
TEL 06-6303-5721(代表)
ホームページ http://www.mapple.co.jp/

監修●梅原 淳
編集・制作●ニノランド
編集●篠原史臣／鳳梨舎 [杉本聖一、高田尚人、米谷 実]
マップリサーチ●大垣善昭／大野雅人／結解 学／坂本達也／史絵.
篠原史臣／多川享子／武田 毅／種村和人
ニノランド [宮北優子、竹内春子、新藤明美、青木 彬]
鳳梨舎 [杉本聖一、高田尚人、米谷 実]／村上佳義
特集取材・文●池口英司／佐藤正樹／杉浦 誠／関田祐市／種村和人
平賀尉哲／吉永直子
校正●オフィス プラネイロ／東京出版サービスセンター／ジェオ／田川英信
写真撮影・提供●伊丹 恒／糸魚川市商工観光課／大井川鐵道
佐藤正樹／杉浦 誠／杉本聖一／関田祐市／高田尚人／高松大典
竹田幸弘／種村和人／松田勝義／松本洋一／吉永直子
米谷 実／RGG
本文デザイン●スタジオ・ポット [小久保由美、和田悠里、山田信也]
DTP制作●スタジオ・ポット／明昌堂
地図制作協力●ウィリング／エムズワークス／周地社
企画・編集・制作●昭文社 地図編集部

主な参考文献・参考資料・参考ホームページ●国鉄監修時刻表 各号(日本交通公社)／JTB時刻表 各号(JTBパブリッシング)／JNR編集時刻表 1987年4月号(弘済出版社)／JR時刻表 各号(弘済出版社、交通新聞社)／貨物時刻表(鉄道貨物協会)／道内時刻表 各号(弘済出版社、交通新聞社)／東急電鉄時刻表(東京急行電鉄)／週刊鉄道データファイル 各号(ディアゴスティーニ・ジャパン)／鉄道ファン 各号(交友社)／鉄道ジャーナル 各号(鉄道ジャーナル社、成美堂出版)／鉄道ピクトリアル(電気車研究会・鉄道図書刊行会)／国土交通省鉄道局監修 平成二十一年度 鉄道要覧(電気車研究会・鉄道図書刊行会)／日本国有鉄道旅客局 日本国有鉄道停車場一覧(日本交通公社)／私鉄全線全駅(交通新聞社)／全線全駅鉄道の旅 各巻(小学館)／日本鉄道名所 勾配・曲線の旅 各巻(小学館)／日本の駅舎(JTBパブリッシング)／鉄道廃線跡を歩く 各巻(JTBパブリッシング)／鉄道未成線を歩く 各巻(JTBパブリッシング)／停車場変遷大辞典 国鉄・JR編(JTBパブリッシング)／日本鉄道旅行地図帳 各巻(新潮社)
東京幹線工事局編 東海道新幹線工事誌(東京第二工事局)／静岡幹線工事局編 東海道新幹線工事誌(東京第二工事局)／日本国有鉄道・名古屋幹線工事局共編 東海道新幹線工事誌名幹工篇(岐阜工事局)／日本国有鉄道大阪第二工事局編 東海道新幹線工事誌(日本国有鉄道大阪電気工事局)／日本国有鉄道大阪第二工事局編 山陽新幹線新大阪・岡山間電気工事誌(日本国有鉄道大阪電気工事局)／日本国有鉄道新幹線建設局編 山陽新幹線岡山博多間工事誌(日本国有鉄道新幹線建設局)東北新幹線工事誌 大宮・盛岡間(日本国有鉄道)／東北新幹線工事誌 上野・大宮間(日本国有鉄道)／日本鉄道建設公団盛岡支社編 東北新幹線工事誌 盛岡・八戸間(日本鉄道建設公団盛岡支社)日本鉄道建設公団編 上越新幹線工事誌 大宮・新潟間(日本鉄道建設公団)／日本鉄道建設公団北陸新幹線建設局編 北陸新幹線工事誌 高崎・長野間(日本鉄道建設公団北陸新幹線建設局)／東日本旅客鉄道株式会社東京工事事務所編 北陸新幹線工事誌 東京乗入れ工事(東日本旅客鉄道東京工事事務所)／鉄道建設・運輸施設整備支援機構鉄道建設本部九州新幹線建設局編 九州新幹線工事誌 新八代・西鹿児島間(鉄道建設・運輸施設整備支援機構鉄道建設本部九州新幹線建設局)
国土交通省ホームページ／経済産業省ホームページ／文化庁ホームページ／各都道府県ホームページ／各市町村ホームページ／JRグループ各社ホームページ／各鉄道事業会社ホームページ／各バス事業会社・事業所ホームページ／各市町村観光協会ホームページ／各駅ビル運営会社ホームページ／各博物館・記念館ホームページ／各鉄道保存会ホームページ

●この地図の作成に当たっては、国土地理院長の承認を得て、同院発行の2万5千分の1地形図　5万分の1地形図　20万分の1地勢図　50万分の1地方図、100万分の1日本を使用した。(承認番号　平21業使、第35-653048号　平21業使、第36-653048号　平21業使、第37-653048号　平21業使、第38-653048号)●この地図のシェーディング作成に当たっては、「地形モデル作成方法」(特許第2623449号)を使用しました。●本書に掲載の経緯度表示は世界測地系を採用しております。●方位記号のない図は、すべて上方を真北としています。●本書に掲載されている鉄道情報は、2009年8月～11月までに調査・取材をした内容をもとに編集、その他の地図情報については2010年1月までに収集した情報に基づいて編集しております。変更されている場合がありますのでご了承ください。また、市町村合併その他の情報に関しましては、2010年3月末までに実施されるものを予め反映しております。予定が変更になる可能性もあることをご了承ください。